# INSTRUCTION PRATIQUE

## POUR L'EMPLOI

# DU CHEMIN DE FER

### ET

# DE LA TÉLÉGRAPHIE

## EN CAMPAGNE

PAR

## J. OLMETA

CAPITAINE AU 69ᵉ D'INFANTERIE.

PARIS

LIBRAIRIE MILITAIRE DE J. DUMAINE

LIBRAIRE-ÉDITEUR

**Rue et Passage Dauphine, 30**

1872

INSTRUCTION PRATIQUE

POUR L'EMPLOI

# DU CHEMIN DE FER

ET

# DE LA TÉLÉGRAPHIE

EN CAMPAGNE

Paris. — Imprimerie de J. Dumaine, rue Christine, 2.

# INSTRUCTION PRATIQUE

## POUR L'EMPLOI

# DU CHEMIN DE FER

ET

# DE LA TÉLÉGRAPHIE

## EN CAMPAGNE

PAR

## J. OLMETA

CAPITAINE AU 63ᵉ D'INFANTERIE.

PARIS

LIBRAIRIE MILITAIRE DE J. DUMAINE

LIBRAIRE-ÉDITEUR

Rue et Passage Dauphine, 30

1872

# AVANT-PROPOS

Il est avéré que, depuis quelques années, l'institution militaire en France a été battue en brèche par l'indifférence des uns et la malveillance des autres, qu'après nos désastres on a crié à l'incapacité sans vouloir comprendre qu'il n'est pas toujours nécessaire de dévoiler les découvertes de l'art et de la science militaire.

Malheureusement, ceux qui ont fait les critiques les plus véhémentes n'apportent aucune pierre à la reconstruction de l'édifice, mais ils prétendent même que, par suite du nivellement moderne, il y a dans l'armée autant de généraux que de soldats, et dans l'atelier plus d'ingénieurs que d'ouvriers.

Avec un pareil système, on reste sur place sans rien bâtir ou bien on déraille à toute vapeur.

Nous présentons ce petit ouvrage, d'abord parce qu'il ne contient rien de mystérieux, qu'il ne fait que coordonner des éléments épars, mais inséparables, et des connaissances familières à bien des gens, ensuite, pour détruire un peu la fausse idée que l'on a sur la lecture des officiers.

Qui n'entend qu'une cloche n'entend qu'un son.

Nous lui laissons, avec intention, sa structure primitive, sans changer un mot, pas même la conclusion qui est pleine d'actualité.

Enfin, nous le donnons tel qu'il a dû tomber entre les mains des Prussiens à la prise de Thionville.

Courbevoie, le 2 décembre 1871.

OLMETA,

Capitaine au 69ᵉ d'infanterie.

# 73ᵉ RÉGIMENT DE LIGNE.

( DÉPÔT )

3ᵉ Bataillon.     6ᵉ Compagnie.

Il est ordonné à M. Olmeta, lieutenant, de donner une instruction pratique sur l'emploi du chemin de fer et de la télégraphie en campagne.

Il y joindra, pour l'application, le profil de la voie et un tableau de la marche des trains de Mâcon à Bourg.

Mâcon, le 1ᵉʳ juin 1870.

Le Capitaine,

*Signé* : CAPDEVILLE.

# INTRODUCTION

---

Présenter comme thème d'exercice annuel la reconnaissance spéciale d'un chemin de fer ou indiquer l'emploi d'une voie ferrée à la guerre, c'est sans doute donner un développement inusité à une question militaire dont souvent tout le mérite est de rester enfermé dans un cadre restreint, déterminé et limité par un formulaire. Néanmoins, il faut reconnaître que, par suite d'inventions modernes, ce formulaire ministériel n'est plus en rapport, sur quelques principes seulement, avec les progrès qu'ont faits certaines parties de la science militaire; que sa date remonte à plusieurs années, alors que les chemins de fer étaient encore à l'état d'enfance et qu'on ne pouvait soupçonner leur importance dans une opération de guerre, il est naturel qu'il ne fasse aucune mention de l'emploi du chemin de fer en campagne et que l'étude de pareilles questions ne soit point demandée.

Aujourd'hui, que les campagnes d'Italie, du Danemark, des États-Unis et de Bohême ont fait connaître les secours immenses que les armées peuvent tirer parti du bon emploi des lignes ferrées et télégraphiques; aujourd'hui aussi, que sous le titre : *Observations sur le Service de la cavalerie en campagne*, il est prescrit aux chefs de partisans ou de reconnaissance de détruire les points importants de la voie, d'enlever ou de mettre hors de service les appareils électriques; maintenant encore, qu'une récente conférence régimentaire démontre que les armées en campagne sont placées dans des conditions nouvelles par la création d'une grande quantité de voies de communications rapides, et donne un aperçu des moyens d'effectuer leur destruction et leur rétablissement, pour toutes ces raisons, il est peut-être utile de vulgariser les connaissances pratiques de locomotion dont il n'est pas nécessaire de posséder un grand savoir spécial pour en faire l'application au point de vue purement militaire. Enfin, à des problèmes nouveaux et à des procédés spéciaux, il faut trouver des solutions et des méthodes nouvelles inconnues en 1841.

Ensuite, les instructions données aux inspecteurs généraux indiquent : que nul ne peut devenir un officier accompli, s'il ne sait, à un moment donné, prescrire ou diriger une opération militaire, et s'il n'a pas les connaissances nécessaires pour apprécier le parti et les ressources qu'on peut tirer des diverses situations qui se rencontrent à la guerre.

Un détachement en reconnaissance tombe brusquement sur une gare où un fort train d'approvisionnements de guerre appartenant à l'ennemi s'y trouve à l'arrêt et que les conducteurs se soient sauvés, on demande si cette situation peut se présenter en campagne, si, avoir la connaissance voulue pour ramener le convoi au camp au lieu de le détruire, n'est pas une des conditions de capacité entendues par cette instruction?

S'il est honteux pour nous de laisser prendre les devants par les armées étrangères sur les moyens d'utiliser dans toutes les circonstances avantageusement ce nouvel engin de force, on ne peut admettre que sur tant de jeunes officiers instruits, il n'y en ait point qui ne sache tirer profit des vivres ou munitions et du matériel roulant, en mettant en marche une locomotive, c'est-à-dire, renverser un levier de marche et ouvrir un régulateur de prise de vapeur, opération qu'il suffit de voir une ou deux fois pour savoir la mettre en pratique.

Le principe de la capacité une fois posé et reconnu, pourquoi s'arrêter si court et ne pas pousser l'application jusqu'à ses plus légitimes conséquences?

En outre, dans les exercices d'embarquement, pourquoi ne pas trouver le moyen de faire connaître succinctement à ceux qui le désirent, et surtout aux sous-officiers, les diverses branches du service des chemins de fer : traction, exploitation, construction de voie et télégraphie? Car, en cas de guerre, il ne faut pas s'attendre à trouver dans nos rangs des mécaniciens et autres employés du chemin de fer. La loi de 1868 exempte les premiers et les compagnies n'emploient aucun homme lié au service en congé, réserve et mobile.

Il faut avouer qu'en France on fait l'inverse de beaucoup de puissances; que, s'il y avait pénurie de chefs de trains pour des transports hors du pays, on ne pourrait organiser les trains au moyen de sous-officiers, comme les Prussiens les ont formés de Cassel à Gœttingue en 1866.

A part les régiments du génie qui sont exercés à ce travail spécial, mais qui ne pourront se trouver partout, on ne peut compter pour ce service que sur des employés civils à la suite de l'armée. Ils sont capables, il est vrai, mais n'ont pas toute l'autorité nécessaire sur les auxiliaires pour l'exécution rapide, ponctuelle des travaux, et se prêtent difficilement à une besogne soumise à des dangers de guerre. Il en résulte des lenteurs inséparables du mode d'organisation et indépendantes de la bonne volonté et du savoir des employés civils. En 1859, nos ingénieurs ont mis vingt jours pour réparer la ligne de Casale à Brescia ; pour le même genre de travaux, quatre jours ont suffi aux Prussiens.

En résumé, si l'on peut former par corps quelques sous-officiers intelligents à ce service particulier, ils pourront, assurément, dans certaines circonstances, rendre de grands services et assurer ou contribuer à un succès des fois inattendu. La crainte de les voir s'adonner à un travail spécial et postuler à leur libération des emplois dans les chemins de fer ne peut être prise en considération (1).

On ne cesse de répéter que la nouvelle manière dont se fera la guerre impose l'obligation impérieuse de se prémunir ; que le génie de la guerre future sera la science de la mise en œuvre des moyens d'action perfectionnés, et que c'est par ce talent qu'il faudra être supérieur pour vaincre.

Franchir les limites du programme ministériel de 1841 n'est pas une bien grande prétention. C'est donc traiter une nouvelle question militaire que de s'exercer à indiquer le moyen de profiter avantageusement des éventualités de nouveau genre qui se présenteront, à l'avenir, très-souvent à tout commandant de détachement, d'avant-garde ou de reconnaissance.

_______

(1) Le baron Stoffel est du même avis que nous.

# PREMIÈRE PARTIE

## ÉTUDES SUR L'EMPLOI DU CHEMIN DE FER

———

Les services que peuvent rendre les chemins de fer doivent être considérés et traités sous deux points de vue :

Particuliers pour les lignes et embranchements se trouvant dans les contrées ou les armées doivent se rencontrer ;

Généraux ou communs à tous les chemins de fer comme moyen de locomotion rapide.

La première étude est essentiellement du domaine de la stratégie et ne saurait trouver ici une place convenable, quoique facilitée par les plans des chemins et les cartes topographiques. Cependant, envisagée dans son ensemble et dans ses divisions, l'étude de ces nouvelles voies de communication reste à peu près la même que pour les routes ordinaires ; parce que généralement les chemins de fer diffèrent peu, comme direction, des autres grandes voies de circulation et offrent l'avantage sur celles-ci d'être mieux connus. Ils longent les routes et les fleuves, grandes voies établies par les hommes et indiquées par la nature, et le long desquelles sont venus se grouper les centres de population, c'est-à-dire suivent une vallée jusqu'au faîte de la ceinture orographique qu'ils traversent par une tranchée ou un tunnel, puis descendent dans une autre vallée. Havre, Paris, Lyon, Arles, voilà pour un exemple.

Parfois ils coupent, franchissent plusieurs arêtes de hauteurs et relient des bassins parallèles ; telle sera la ligne concédée d'Orléans à Châlon-sur-Marne : Loire, Yonne, Seine, Marne. Comme dans l'autre cas, le tracé suit les petites vallées, cols, gorges, qui diminuent les pentes sans changer la direction générale.

Seulement, la difficulté pour l'emploi du chemin de fer consiste à bien apprécier s'il y a avantage ou désavantage à subordonner un plan d'opérations à une ligne ferrée, ou bien si cette ligne et embranchements ne doivent entrer dans les calculs que comme question complémentaire et traitée, bien entendue, plus amplement que pour une voie ordinaire.

Il est évident que si une ligne était perpendiculaire aux fronts d'opérations et également éloignée des flancs qui pourraient être à découvert ; que si des embranchements rayonnaient en forme d'éventail autour de l'artère principale avec des solutions de continuité aux points extrêmes de la zone d'activité qui empêchassent d'être tournés ; que si cette ligne se reliait sans interruption, par le moyen d'une place forte, au milieu de la base de défense avec les chemins de son pays ; alors la voie ferrée ne serait pas d'une ressource problématique, mais bien d'une utilité manifeste. Mais dans quelle contrée trouve-t-on un réseau qui réunisse ces conditions? Il faut forcément que les calculs se basent sur la direction des lignes et des embranchements qui les relient et parfois les tournent ; et surtout, il faut compter avec les places fortes qui les interceptent.

Les progrès inouïs des voies ferrées n'ayant pas encore produit tous leurs effets dans les dernières guerres, par la suite, ces effets seront susceptibles de déterminer une rupture de l'équilibre dans la composition ou organisation de l'armée actuelle et un grand changement dans la science de la guerre. Les conséquences d'une telle rupture devant se manifester avec une vitesse croissante, les intérêts de l'armée les subiront inévitablement. A elle de les prévoir, de les calculer, de se prémunir. Jusque-là tout le vaste cercle des hypothèses qu'on peut tracer pour les conditions de succès, est encore variable et mobile par sa nature ; par conséquent, les plus compétents hésitent à se prononcer sur l'efficacité complète des voies ferrées. Jomini, lui-

même, vient de jeter, à 91 ans, un long cri d'alarme en disant :
Ici on tombe dans le hasard, dans l'imprévu (1).

Quoique les combinaisons de la guerre soient multiples et
qu'elles iront en augmentant rapidement, on peut toutefois, en
tenant compte de l'imprévu qui déconcerte le plan le mieux
combiné, établir des règles générales pour l'ensemble et fixes
pour les détails qui permettent, dans certaines limites, l'adoption d'un système qui abrége les distances. C'est en partant de
ce principe que les règles qui suivent seront exposées. Celles
qui paraîtront absolues et affirmatives ne concerneront que les
détails.

Si l'on consulte l'expérience acquise en ce qui concerne l'emploi des chemins de fer pendant les campagnes précitées, il est
facile de voir que ce nouveau moyen d'opération est entré pour
une large proportion dans les calculs militaires. Pourtant ces
calculs ne devraient pas être adoptés avec précipitation, car,
s'il est avéré que les principes qui ont fait règle jusqu'à ce jour
ont été sensiblement modifiés par les chemins de fer, il ne faudrait pas oublier que l'adoption absolue de ce mode de transport
pourrait faire subir des mécomptes, si elle devait prévaloir sans
limites à des considérations de manœuvre d'une grande importance et s'il n'y avait pas liaison avec les moyens habituels de
transport par voitures. Car au point de vue des approvisionnements, c'est là le but capital à atteindre : une fois la concentration d'une armée effectuée sur le point choisi du théâtre de la
guerre, la voie ferrée ne devrait servir, autant que possible,
qu'aux transports de détachements isolés, très-rarement pour
des hommes seuls, mais plus particulièrement pour les vivres. Il
faut que de nos jours le commandement puisse dire à l'administration : Je marche, suivez-moi !

C'est dans l'offensive en pays ennemi, où l'on trouve les lignes

(1) Nous rappelons que ces lignes ont été écrites avant la campagne de
France et que malgré tous les avantages que les Prussiens ont su tirer des
chemins de fer, on peut encore les dépasser.

détruites ou bien interceptées par les places fortes, qu'il est prudent d'avoir avec soi les équipages du train transportant les vivres qu'on n'est pas certain de trouver sur les lieux par réquisitions, marchés et par des arrivages de chemin de fer. Les privations des Prussiens pendant les premiers jours de leur entrée en Bohême viennent à l'appui de l'assertion et prouvent que si la sphère d'action de l'administration s'est beaucoup élargie par les voies ferrées, elle peut se rétrécir quand il n'y a pas concordance entre les arrivages aux gares et les transports par voitures, ou bien que le chemin de fer est coupé ou employé outre mesure pour le transport des troupes. Il est préférable de faire faire 100 kilomètres à une troupe ayant l'assurance de vivres avec ses ressources, que de faire en chemin de fer 200 kilomètres et n'avoir aucune certitude de trouver les denrées nécessaires à la nourriture des hommes. Mais quand dans un pays aussi abondant que le nôtre, par exemple, les vivres n'arrivent pas de loin, il est alors nécessaire d'employer souvent les réquisitions locales sans la participation de l'intendance, sauf, si c'est dans notre pays, remboursement par l'Etat et justification par le chef militaire de l'urgence de la mesure et des quantités requises.

On sait que le soldat qui reçoit exactement ses rations est dispos, content et accorde sa confiance à ses chefs, alors que s'il est mal nourri, il y a relâchement dans la discipline, découragement, etc. Ces considérations entravent les mouvements que le commandement voudrait ordonner et le forcent à ne pas braver un intérêt aussi grand, c'est-à-dire à ne pas s'éloigner des magasins. Eh bien, le but principal de l'emploi du chemin de fer est de l'affranchir de ce lourd fardeau. La question des subsistances doit devenir pour lui une préoccupation secondaire, et lorsque, pour une cause quelconque, l'administration fait défaut, il faut lui donner plein pouvoir pour opérer des réquisitions et ne pas toujours se trouver à la remorque de l'intendance, qui le plus souvent fait ce qu'elle peut.

On s'imagine que les expéditions étant faites de plus loin, les approvisionnements devraient parvenir à destination sans l'intermédiaire de nombreux magasins. Mais c'est l'inverse qu'il faudrait adopter. Si l'on veut rendre les armées très-mobiles, par la même raison il serait indispensable de multiplier les magasins et les rendre temporaires et mobiles également ; car dans une marche en avant les troupes ne peuvent pas toujours être échelonnées le long du chemin de fer.

Presque toujours l'encombrement des gares provient des envois faits sans ordre et sans la connaissance exacte des besoins du moment ; il y a surabondance de telle denrée alors que le plus nécessaire manque. Puis c'est un grand tort d'adresser de loin et directement pour les divisions et les régiments des vivres et des effets ; le pain se moisit, le fourrage se gâte, les effets s'entassent pêle-mêle et ne se retrouvent qu'après la campagne. Pendant ce laps de temps la troupe endure des privations. Un moyen presque certain d'assurer les arrivages et les distributions, serait d'établir dans une des grandes gares du terrain d'action, un vaste magasin central qui pourrait par des alimentations journalières entretenir les magasins particuliers de chaque division, au plus d'un corps d'armée.

Ces petits magasins approvisionnés pour six jours pourraient satisfaire à tous les besoins lorsqu'ils seraient installés dans les petites stations et qu'ils se trouveraient à une ou deux journées de marche au plus des troupes qu'ils devraient desservir. Si la direction de la ligne s'écartait de plus de cette distance, ces magasins seraient portés dans une localité à proximité de la troupe et la gare la plus proche deviendrait l'intermédiaire avec le grand magasin général.

Il résulte de tout ceci, que si par leur célérité les chemins de fer donnent l'avantage de faire disparaître ces lourds et grands convois de voitures difficiles à réunir, forcément chaque division doit conserver son train d'équipage composé de voitures légères mieux appropriées pour le service de camionnage. Ce serait compromettre le service des subsistances et perdre la mobilité qu'on recherche que de réduire le nombre des voitures.

2

*Exemple d'un grand transport de troupes.*

En comparant les grands transports de troupes avec ceux des approvisionnements, ces derniers sont toujours plus longs et difficiles, exigent un ordre parfait, une connaissance exacte des gares destinataires, une manutention plus grande et l'emploi d'un plus fort matériel et personnel.

Le transport de trente ou cinquante mille hommes ne demande que la réunion du matériel vide et l'établissement d'un tableau de la marche des trains. Les embarquements et les débarquements se font facilement et promptement : quinze minutes pour un bataillon de mille hommes, une heure pour un escadron de cavalerie, environ deux heures pour une batterie.

Pourvu que des lignes de dégagement ou vomitoires permettent le retour du matériel vide, l'opération ne présente pas le travail du transport des approvisionnements. Quand il y a de l'ordre dans les rangs, les hommes arrivent, s'embarquent, débarquent et s'en vont, tandis que si l'on veut arriver à la régularité des arrivages et à la répartition des subsistances, les wagons doivent être chargés, triés, transbordés et déchargés.

Exemple :

Combien faudrait-il de temps pour transporter de Lyon à Paris par la ligne de Bourgogne, cent mille hommes d'infanterie ?

En employant les deux voies, en faisant les embarquements dans les sept gares de Lyon et les débarquements dans les gares de Paris et du chemin de ceinture, en composant les trains à quarante véhicules et en mettant la vitesse à trente kilomètres à l'heure, il faudrait pour la tête de colonne vingt heures et pour la queue quarante heures.

*Décomposition du temps pour franchir 510 kilomètres.*

Pour trajet direct, 17 heures × 30 kilomètres = 510 kilomètres.

<table>
<tr><td rowspan="14">Pour les haltes de 15 minutes de 3 heures en 3 heures maximum.</td><td></td><td colspan="2" align="center">Heures. Minutes.</td></tr>
<tr><td>1<sup>re</sup> halte à Villefranche, 1 heure 8 minutes après le départ ; 34 kilomètres de parcours, prise d'eau, pompe à vapeur. 22 mètres cubes d'eau à l'heure. . . . . . . . . . . .</td><td>»</td><td>15</td></tr>
<tr><td>2<sup>e</sup> halte à Châlon-Saint-Côme, 3 heures 8 minutes après ; distance, 94 kilom.; prise d'eau, 22 m. c. à l'heure, P.V. . . . . . .</td><td>»</td><td>13</td></tr>
<tr><td>3<sup>e</sup> halte à Dijon, 2 heures 46 minutes après; distance, 68 kilom.: arrêt pour l'alimentation de la machine, P.V., 50 m. c.; rampe de Dijon à Blaisy, de 08<sup>mm</sup>, longueur, 27 kilom.; différence de niveau, 158<sup>m</sup>,04<sup>c</sup>. .</td><td>»</td><td>15</td></tr>
<tr><td>4<sup>e</sup> halte à Montbard, 2 heures 24 minutes après; distance, 72 kilom.; P. V., 20 m. c. d'eau à l'heure. . . . . . . . . . . . .</td><td>»</td><td>15</td></tr>
<tr><td>5<sup>e</sup> halte à Tonnerre; durée, 1 heure 32 minutes; distance, 46 kilom.; P.V..50 m. c. à l'heure. . . . . . . . . . . . . . .</td><td>»</td><td>15</td></tr>
<tr><td>6<sup>e</sup> halte à Sens; durée, 2 heures 40 minutes; distance, 80 kilom.; P. V. 20 m. c.. . . . .</td><td>»</td><td>15</td></tr>
<tr><td>7<sup>e</sup> halte, pour le repas à Montereau, 1 heure 8 minutes après ; distance, 34 kilom.; P. V. 20 m. c. . . . . . . . . . . . . .</td><td>1</td><td>00</td></tr>
</table>

<table>
<tr><td align="right">Arrêts. . . .</td><td>1</td><td>00</td></tr>
<tr><td>Trajet direct pour franchir les 510 kilom. qui séparent Lyon de Paris. . . . . . . . . . . . . . . . . .</td><td>17</td><td>00</td></tr>
<tr><td align="right">Total. . . . .</td><td>19</td><td>30</td></tr>
</table>

Les heures de départ déterminant celles des repas, par conséquent l'arrêt du repas serait variable de gare, mais ce changement ne pourrait occasionner aucun retard. Les trains devant se suivre à 20 minutes d'intervalle, les 3<sup>e</sup> et 4<sup>e</sup> trains arriveraient à la gare désignée pour le repas 20 minutes après les deux premiers, les n^{os} 5 et 6, 20 minutes après les deux trains qui les précèdent, enfin les n^{os} 7 et 8 arriveraient 60 minutes après les deux premiers qui, ayant terminé leur stationnement d'une heure, se mettraient alors en marche. Ainsi de suite jusqu'à la gauche.

De cette manière il y aurait à la fois six trains à l'arrêt dans la même gare. Autant que possible il faudrait qu'elle possédât quatre voies de garage, deux trains pouvant stationner sur les deux voies principales, même à la rigueur les six trains pourraient stationner sur ces dernières.

D'après cet itinéraire qui concilie les besoins de la troupe et le service de la traction, on trouve qu'en 19 heures 30 minutes un train, composé suivant les données du projet de règlement sur le transport des troupes, pourrait parcourir 510 kilom.

### *Décomposition de l'espace.*

En faisant suivre les trains à **20** minutes d'intervalle et la marche fixée à 30 kilom., la distance serait de 10 kilom. d'un train à l'autre et 49 trains mesurant en moyenne 400 mètres pourraient être intercalés sur l'espace connu :

$$\text{Pour intervalles}\ldots\ldots\ldots 49 \times 10 \text{ kilom.} = 490 \text{ kilom.}$$
$$\text{Pour longueur des trains.} \; 49 \times 0{,}400^m = 19{,}600^m$$
$$\text{Total}\ldots\ldots 509{,}600$$

Maintenant en employant les deux voies, c'est en tout 98 trains dont les deux premiers arriveraient à Paris 19 heures 1/2 après le commencement de la marche et les deux derniers 35 heures 1/2 après.

Ces 98 trains exigeraient :

|  | Trains. | Voitures. | Places. | Hommes. |
|---|---|---|---|---|
| Voitures pour les hommes à 34 par train. | $98 \times 34 =$ | 3,038 | $\times 40 =$ | 121,520 |
| Id.          id. | $98 \times 34 =$ | 3,038 | $\times 32 =$ | 97,216 |

Il resterait pour chaque train 9 voitures, fourgons ou wagons disponibles pour les états-majors, officiers, bagages, chevaux et voitures et autres *impedimenta*.

Des objections peuvent être faites : comment faire les embarquements et les débarquements aussi rapidement et sans confusion ; comment pouvoir réunir une aussi grande quantité de voitures et trouver à Lyon la place pour les mettre ?

### *Embarquement.*

|  |  |  |  | Voies de garage. |
|---|---|---|---|---|
| Départ à midi. | Les trains 1 et 2, formés | à Vaise, | qui possède | 34 |
| — à — 20. | — 3 et 4, | — à Perrache 1, | — | 11 |
| — à — 40. | — 5 et 6, | — à Perrache 2, | — | 6 |
| — à 1 h. | — 7 et 8, | — à la Guillotière, | — | 42 |
| — à 1 20. | — 9 et 10, | — à la Part-Dieu, | — | 15 |
| — à 1 40. | — 11 et 12, | — aux Brotteaux, | — | 5 |
| — à 2 h. | — 13 et 14, | — à Saint-Clair, | — | 9 |
|  |  |  |  | 119 |

La gare de Vaise, qui devrait former les trains 15 et 16, aurait ainsi devant elle deux heures pour ce travail. Il en serait de même pour Perrache 1 et les gares suivantes. Ce temps est bien suffisant pour préparer les wagons, embarquer les chevaux, voitures, bagages, etc.

Les débarquements à Paris devraient se faire en commençant par la gare la plus éloignée et en finissant par la plus proche de la ligne de transport, afin que les voies et les quais ne soient encombrés au moment des arrivées successives des autres trains.

Pour la question du matériel : la seule compagnie P.-L.-M. possède environ 1,140 locomotives de différents types, 6,500 voitures à voyageurs, 10,000 wagons couverts et fermés qu'on peut disposer pour ce transport en y adaptant des bancs, 4,000 wagons à bestiaux et à panneaux s'ouvrant sur les côtés, encore plus propices et commodes que ceux fermés, 10,000 wagons plats ou à houille découverts. Elle pourrait à elle seule satisfaire à la réquisition sans faire d'emprunts aux cinq autres compagnies françaises qui possèdent chacune, à peu de chose près, le même matériel.

Pour la question d'emplacement : en ne comptant les 119 voies de garage qu'à un minimum de 200 mètres chacune, on trouve qu'elles mesurent 23,800 mètres alors que la longueur de 49 trains est de 19,600 mètres. Au besoin les voitures pourraient stationner en arrière sur les lignes convergentes de Saint-Etienne, Marseille, Dauphiné et Genève.

Voilà les données pour un transport moyen. Ci-après les maxima et minima :

Comme l'on pourrait sans danger réduire l'intervalle de 10 à 5 kilom., ce serait donc 196 trains ou 200,000 hommes qu'on pourrait faire arriver dans le même laps de temps, 34 heures 1/2. Les arrêts ne seraient plus que de 10 minutes et la halte du repas serait faite dans deux gares. Il resterait toujours aux gares de départ une heure pour former et faire partir deux trains.

Si, au contraire, le même chemin se trouvait dans les conditions les moins favorables pour ce genre de transport, c'est-à-dire à voie unique avec circulation en retour du matériel vide et la marche toujours fixée à 30 kilom. par heure, l'intervalle entre chaque train serait alors d'une heure, parce que cet intervalle doit être compté pour le double du temps qu'un train met à franchir la distance qui sépare les deux gares de la ligne les plus éloignées l'une de l'autre ; la distance la plus grande de la ligne de Lyon étant de Villeneuve-sur-Yonne à Sens 15 kilom., soit :

Pour 16 trains à 30 kilomètres d'intervalle. . . . . . . . 480 kilom.
Pour longueur des trains à 400 mètres. . . . . . . . . 6,400

Ensemble. . . . . . . 486,400

Maintenant si l'on rapprochait ces trois moyens de transport à la marche par étapes, on trouverait que par route impériale n° 26 de Paris à Genève et l'Italie et qui longe la ligne de Bourgogne il y a 18 étapes, auxquelles il faut ajouter 4 séjours, ensemble 22 jours.

En envoyant cinq mille hommes par jour sur plusieurs routes, il en ressortirait les différences suivantes :

En employant les deux voies et les trains marchant à la vitesse de 30 kil. avec l'intervalle de 20 minutes, 98 trains pourraient transporter 100,000 hommes en 35 heures et demie ; la marche par étapes exigerait 22 jours pour les cinq premières colonnes et 42 pour les cinq dernières.

En employant les deux voies, les trains marchant à la vitesse de 30 kil. avec l'intervalle réduit à 10 minutes, 196 trains transporteraient 200,000 hommes en 34 heures et demie, une heure de moins que ci-dessus ; la marche à pied demanderait 22 jours pour les premières colonnes et 62 jours pour les dernières.

En réduisant les transports aux plus inférieures conditions, soit avec une voie unique, les trains marchant à la vitesse de 30 kil. avec l'intervalle d'une heure et les trains vides se garant pour laisser passer, 98 trains transporteraient 100,000 hommes en 115 heures ; la marche par étapes resterait la même que pour le premier cas.

La proportion à l'avantage du chemin de fer est énorme; elle augmente avec la distance et le nombre d'hommes. Pourtant il faut dire une grande vérité. S'il fallait exécuter un de ces trois tours de force, toute personne qui a un peu l'habitude des deux services pourrait avancer : Que la précision mathématique, l'interprétation exacte et sans commentaires, la ponctualité active dans la transmission et l'exécution des ordres et règlements étant passées des rangs de l'armée dans ceux du personnel des chemins de fer, les retards, les impossibilités et les obstacles proviendraient plutôt des premiers que de l'inhabileté ou de l'inexactitude des derniers.

Il convient d'ajouter que, dans les mêmes conditions de temps, de vitesse, d'intervalle et de nombre de voies que pour le premier cas, les 98 trains pourraient également transporter 10,000 chevaux et cavaliers; 1,000 voitures à 4 roues avec deux chevaux pour chacune ; 20 batteries d'artillerie attelées avec pièces démontées sur les wagons : 34 trains pour les chevaux, 8 pour les cavaliers ; 15 trains pour les voitures et 7 trains pour les chevaux; 18 trains pour les chevaux d'artillerie et 16 trains pour les pièces.

Les transports de ce genre demandant relativement beaucoup de matériel, il serait préférable, lorsqu'on n'est pas pressé et que la distance n'est pas grande, de faire la marche sur les routes ordinaires.

S'il est des considérations exceptionnelles d'intérêt général de haute importance qui permettent d'écarter momentanément les considérations d'intérêt privé, on doit se rappeler que c'est toujours entraver gravement les affaires publiques et commerciales que de suspendre complétement la circulation des trains ordinaires. Puis ensuite sur les chemins français les frais deviennent énormes pour l'Etat. D'après la Convention du 15 juin 1866, lorsque le gouvernement requiert la mise immédiate à la disposition de tous les moyens de transport, il paye la moitié de la taxe du tarif. Lorsqu'un train spécial est requis et s'effectue dans les conditions ordinaires et sans que le gouvernement requière la suspension de tout ou partie du service de la compagnie, la taxe est au quart du tarif avec un minimum de cinq francs par kilomètre.

Seulement sur la réquisition modèle n° 1 annexée au projet du règlement, il y a 30 kilog. de bagages accordés par chaque homme, mais les compagnies réduisent 15 kilog³. pour la place ménagée dans chaque compartiment pour les sacs et n'accordent ainsi qu'une franchise de 15 kilog. par homme. Dans les trajets de plus de 200 kil. deux places devant être réservées pour le rangement des sacs, il pourrait en résulter, suivant les prétentions des compagnies, que la troupe n'aurait plus la jouissance d'aucune franchise, et que, par suite de fausses interprétations, des contestations pourraient s'élever.

Mais si les réquisitions doivent ménager les deniers de l'Etat et les intérêts des habitants du pays, cette mesure protectionnelle doit disparaître en pays ennemi sans pour cela outre-passer le droit des gens. Convention tacite qui, comme l'on sait, n'est formulée dans aucun traité diplomatique ou bien méconnue de tout le monde depuis très-longtemps.

Les droits de la guerre qui autorisent la prise en possession de ce qui appartient à l'ennemi indiquent bien, pour la forme, que tout en s'emparant de tout ce qui peut être un instrument de guerre, de respecter la propriété privée. Mais il ne peut y avoir d'assimilation entre les chemins de fer, quoique appartenant à des compagnies industrielles, et la propriété privée purement dite. Hésiter à se rendre maître de tout le matériel et des biens mobiliers qu'on peut trouver utiles pour soi serait de la faiblesse. En les rendant aux propriétaires à la fin de la campagne dans l'état où ils peuvent se trouver, sans indemnités de dégâts, c'est rester dans les limites du droit naturel.

Enfin, aujourd'hui il faut progresser, il faut aller vite, même très-vite dans notre métier, car le temps perdu c'est, dans une opération de guerre comme dans l'industrie, le plus grand capital qu'on puisse perdre. Mais il faut éviter de dérailler en chemin. Cette rapidité de mouvement doit donc reposer sur une accélération méthodique. Deux mots qui ne s'harmonisent pas facilement dans la pratique et qu'on prendrait volontiers pour une expression paradoxale, s'ils n'étaient l'essence particulière de cette locomotion qui est basée sur un principe mécanique. Le manque de corrélation nous fait viser à gauche et est inhérent aux habitudes de l'armée aussi bien qu'au caractère français. Le prince Frédéric-Charles, dans son ouvrage sur la manière de nous combattre, met l'index sur le défaut de notre cuirasse, en faisant ressortir : que notre grand élan n'est soumis à aucune méthode et ne nous fait obtenir que des résultats contestables. Le maréchal Bugeaud disait aussi que nous abordions le taureau par une de ses plus mauvaises extrémités. En imitant son langage figuré, on peut dire : que dans une marche en bataille en avant, on prenne l'élan et la confiance dans le succès pour son drapeau, rien de mieux, mais qu'à côté, la réflexion et la méthode servent de guides généraux (1).

Règles générales dans l'offensive.

En résumé, pour tirer profit avantageusement des chemins de fer dans l'offensive, des règles générales peuvent être présentées.

1° Au point de vue stratégique :

Apprécier si telle ligne ferrée peut entrer dans la combinaison sans nuire à l'ensemble du plan et dans quelles proportions doivent être établis les calculs.

Connaître sa direction, si elle est reliée à celles de son pays, les embranchements qui y aboutissent, les villes qui sont desservies, les places fortes qui peuvent les barrer, le pays que ces chemins traversent, montagnes, plaines, fleuves, etc., si le réseau que l'on possède peut permettre de tourner les positions ennemies et de changer inopinément de base d'opérations.

Avoir une parfaite connaissance des lignes dont dispose l'ennemi soit au commencement des hostilités, soit dans le cours de la campagne; les ressources qu'il peut en tirer, s'il reste maître d'embranchements lui facilitant un mouvement tournant, quels moyens employer pour s'y opposer.

Enfin, d'après les considérations stratégiques qui déterminent les mouvements, établir une corrélation avec l'ensemble d'un plan.

En pays étranger prendre possession entière et absolue, et sans égards aux droits des propriétaires, des lignes ferrées, du matériel d'exploitation, des usines et ateliers où il se fabrique.

Par une proclamation, faire connaître aux populations, que tout individu qui détruira ou tentera de détruire la voie, ou par un moyen quelconque chercher à occasionner un déraillement, encourra la peine de mort. En rendre responsable les municipalités et les menacer de pillage.

---

(1) Il y a dix-huit mois, en transcrivant ces pensées, nous avions déjà le pressentiment de ce qui devait nous arriver.

2° Au point de vue tactique :

Exécuter les reconnaissances, assurer l'occupation et effectuer la destruction des lignes suivant les indications de la conférence sur l'emploi du chemin de fer.

Protéger l'extrémité de la ligne du côté de l'ennemi; interrompre les communications en avant en coupant la voie aux points où ils sont les plus difficiles à reconstruire.

Fortifier les points de bifurcation et autres localités qui ont besoin d'être à couvert.

Eclairer la ligne par des patrouilles à cheval.

Se pénétrer que l'attaque et la destruction de la voie sont faciles en comparaison de la défense, parce que l'agresseur choisit à volonté le moment et le point favorables pour agir, alors que le défenseur ne peut être assez fort pour opposer une résistance efficace sur tout le parcours. Par cette raison, c'est la cavalerie qui doit jouer le rôle prépondérant dans ces opérations d'attaques et de protections.

N'employer le chemin de fer pour le transport des troupes que pour les grandes distances, si ce n'est pour brusquer un mouvement tournant ou hâter l'arrivée d'un renfort sur un point menacé. Minimum 75 à 80 kilom.

Etablir des commandants d'étape avec les attributions de commandant de place, ayant la surveillance de l'entretien de la ligne comprise dans sa circonscription, faisant exécuter dans les gares tous les mouvements ordinaires de transports.

3° Au point de vue du service administratif :

Avoir pour but principal de dégager l'armée des embarras des ravitaillements, lui laisser sa mobilité et ne pas l'attarder dans ses mouvements.

Si la ligne ferrée se raccorde avec les chemins nationaux, calculer que les moyens rapides de transport assurent davantage les arrivages des ressources dont dispose l'administration dans ses magasins de l'intérieur ; compter que les envois se font de très-loin, mais qu'il y a toujours lieu, comme par le passé, de se préoccuper de trouver des denrées dans le pays de la lutte. Ménager pour l'avenir celles qu'on y trouve.

D'après les mouvements des troupes et le nombre de lignes ferrées, apprécier dans quelles limites ces envois peuvent parvenir et en déduire les proportions qui doivent être maintenues entre l'armée et ses équipages.

Conserver et même augmenter les équipages du train à la suite de chaque division.

Employer de préférence des voitures légères.

Etablir dans une gare située à la base d'opérations et dans une ville fermée un grand dépôt et un vaste magasin général où doivent être adressés les approvisionnements en vivres, effets, médicaments, etc., expédiés des magasins centraux ou des magasins des régiments.

Multiplier les petits magasins dans les gares de défense et les alimenter journellement.

Réduire les hôpitaux temporaires ou d'évacuation en les espaçant de 15 à 20 lieues.

Placer dans la gare centrale des agents du service qui soient au courant des besoins des petits magasins et qui fassent opérer les expéditions aussitôt l'arrivée des wagons, pour que des wagons arrivant chargés de pain, etc., ils ne séjournent ou ne soient pas déchargés inutilement.

Installer également dans les autres gares utilisées comme magasins des agents comptables pour diriger les déchargements, emmagasinements et les expéditions.

Faire au moment de la mise à quai et d'après la feuille de chargement qui accompagne chaque wagon, la reconnaissance de ce qu'il doit contenir et en prendre livraison toutes les fois que ce sont des approvisionnements à garder en réserve. Mais si le wagon ne contient que des objets destinés à une seule division ou à un seul magasin, compléter le chargement s'il ne l'était pas et réexpédier immédiatement le wagon à la gare destinataire.

4° Au point de vue de l'exploitation :

Remettre en état d'exploitation des lignes détruites, construire de courts embranchements et détruire les voies, sont des travaux analogues à ceux d'ouverture de passages, de construction, de rétablissement ou de destruction d'une route, d'un pont à supports fixes, etc., etc.; chapitre 3 du titre premier du service en campagne, par conséquent devraient rentrer dans les attributions du corps du génie aux armées.

Direction unique émanant du commandant du génie de l'armée, recevant directement ou par l'intermédiaire du chef d'état-major général les ordres du général en chef.

Sous-directeur adjoint, chef de l'exploitation, officier général, supérieur du génie ou bien ingénieur des ponts et chaussées employé au contrôle de surveillance du chemin de fer, chargé de suppléer le directeur dans toutes les parties du service, transmettant les ordres de service et de transport aux officiers du génie attachés aux corps d'armée et divisions avec lesquels il doit être toujours en communication télégraphique.

Tout prévoir et tout réglementer. Exécution de l'ordre aussitôt conçu, analysé, prescrit, avec défense expresse, formelle, faite aux inférieurs d'y substituer leurs propres idées, d'effectuer aucun transport de troupe en dehors des trains réguliers, de requérir du matériel roulant sans l'ordre du chef d'exploitation qui seul peut donner avis sur tout le parcours et indiquer et tracer la marche des trains.

Une troupe agissant isolément et sur une ligne séparée peut rester en dehors de ces restrictions absolument indispensables pour éviter les accidents et assurer la répartition du matériel.

Organiser d'avance un personnel, si c'est possible appartenant à l'armée, capable d'exploiter les lignes étrangères et établir la circulation aussi vite que l'ennemi met de temps pour l'interrompre. Leur accorder des récompenses honorifiques, mais non pécuniaires.

Le diviser en deux groupes : entretien de la voie, exploitation ou circulation des trains ; le répartir où il doit être employé et le subdiviser en service de jour et service de nuit.

Connaître les forges et ateliers de mécaniciens qui peuvent se trouver sur le terrain d'action et le nombre d'ouvriers d'art qu'on peut requérir au besoin.

Ne jamais confier des trains à des mécaniciens ennemis.

Etablir des primes d'exactitude, d'économie de combustible pour les mécaniciens, mais leur imposer des amendes pour les retards.

Organiser des travailleurs auxiliaires de l'armée pour la reconstruction des lignes et la manutention dans les gares.

Placer tous les employés et ouvriers civils sous le commandement militaire pour ce qui concerne le service et la police, définir les attributions et éviter les empiétements et les contestations.

Délivrer aux individus non militaires des commissions ou autorisations individuelles, comme le prescrit l'article 173 du service en campagne.

Si, après avoir satisfait à tous les besoins de l'armée, la ligne conquise doit servir en même temps au public, laisser opérer les perceptions des taxes aux employés civils, avec contrôle de l'intendance pour le versement des deniers dans les caisses du trésor de l'armée.

Se tenir constamment en mesure de rétablir très-rapidement les voies détruites, avoir des dépôts de matériaux sur des points sûrs et fortifiés, les répartir en petite quantité à la fois où ils sont nécessaires, préparer à l'avance de grosses pièces de charpente suivant les dimensions indiquées par les plans qu'on a pu préalablement se procurer.

Compter que, d'après les instructions, il doit se trouver dans chaque division 130 pelles et 74 pioches, dans chaque corps 1,540 pelles, 764 pioches, parc du corps du génie 1,150 pelles, 542 pioches, grand parc de l'armée 4,700 pelles et 2,200 pioches dont on peut se servir pour les travaux.

Bien connaître les lignes à réparer et à exploiter : le tracé, profil, pentes et courbes, les tranchées et remblais, géologie du sol, type des rails, voie double ou unique, la grandeur et la construction des gares, les points de bifurcation, les ouvrages d'art, ponts, tunnels et viaducs, les dépôts de machines, les ateliers de réparations, etc., etc.

Les poteaux et appareils télégraphiques à remplacer ou à réparer. Disposer au moins d'un fil pour le service de l'exploitation.

Par un examen minutieux chercher à découvrir si l'ennemi n'a pas préparé des mines à frictions ou scié les bois d'un pont.

Construire au besoin des voies de garage dans les stations, et, en cas d'insuffisance de quais, en établir de provisoires au moyen de traverses et autres matériaux. Etablir également des pompes provisoires là où elles font défaut.

Mettre la plus grande uniformité dans l'emploi et la répartition du matériel, équilibrer les départs et les arrivages pour éviter l'encombrement ou le stationnement inutile ; à cet effet, opérer le déchargement des wagons de suite et renvoyer immédiatement le matériel vide dans les gares désignées pour la formation des trains ou de transbordement.

Organiser un contrôle très-sévère de l'emploi du matériel roulant, se rendre compte par des rapports journaliers, établis à la même heure sur tous les points, des types et numéros des machines, voitures et wagons chargés ou vides, tant en circulation que dans les gares.

Écrire l'adresse des wagons bien lisible.

A part les perceptions de taxes, restreindre les écritures et les télégrammes aux demandes et rapports sur le matériel roulant, matériaux, travailleurs, état de la voie, transports à effectuer, effectués ou en cours d'exécution.

Tout en s'attachant à la régularité de l'arrivée des trains, s'attacher à l'installation des troupes et des chevaux. Lorsqu'on se trouve forcé d'embarquer les hommes dans des wagons à marchandises et en dehors des quais, il faut faire ouvrir les volets des véhicules pour l'aération, disposer des échelles pour permettre aux hommes de monter, des lampes appliquées et des banquettes ; pour les chevaux il faut avoir des ponts mobiles.

Lorsqu'on emploie des wagons à bestiaux pour transporter les blessés, il est nécessaire de répandre de la paille, et pour que les malades puissent se coucher, il ne faut pas adapter de banquettes.

Enfin, l'initiative individuelle, si précieuse pendant certaines phases du combat ou dérivant de certaines manières de combattre, doit être formellement interdite dans les mouvements des trains, par la raison que ces mouvements doivent être forcément soumis à un plus grand ensemble et à plus de précision que le choc partiel des troupes. En conséquence, se borner, sans hésitation et interprétations, à l'exécution fidèle, rigoureuse et à l'obéissance passive des ordres, règlements et tableau de marche.

Tout contre-ordre doit parvenir avant que le mouvement commence, sinon il y a perturbation sérieuse, difficile à aplanir, perte de temps, et souvent il arrive des accidents.

En outre le personnel ne doit pas être étranger aux divers services administratifs de l'armée.

Une entente parfaite est nécessaire, et de toute part une discrétion à toute épreuve est indispensable.

### Emploi du chemin en cas de défensive, nécessité de barrer à la frontière les chemins étrangers.

Dans la défensive de notre territoire et dans un mouvement en retraite, il est essentiel, en retirant le matériel roulant, de rendre impraticable la voie, mais avec mesure et discernement, d'abord pour faciliter le rétablissement des mêmes voies que l'on pourrait avoir à effectuer dans la suite, puis, si l'on était vaincu, ne pas courir le risque de faire payer à l'État des indemnités réclamées par les compagnies, qui en définitive doivent bien leur tribut à la défense du pays, mais qu'à défaut de clause formelle de la loi, elles ne manqueraient pas de revendiquer (1). En Prusse une loi de 1838 dit : « que les dégâts ou les des-

_________

(1) Dans cette funeste campagne, s'est-on octroyé le luxe de la destruction?

« tructions résultant de faits de guerre, qu'ils proviennent de
« l'ennemi, ou qu'ils aient été opérés dans l'intérêt de la dé-
« fense nationale ne donnent aux compagnies le droit à aucune
« indemnité. » En France il n'y a pas de réserve dans ce sens
dans le cahier des charges des compagnies, et il n'y a point
encore de loi spéciale.

Outre l'enlèvement des rails et les coupures des ponts qui sont
aussi vite rétablis qu'il ne faut de temps pour leur destruction,
il est de la plus grande nécessité de ne pas donner accès à l'intérieur à aucun embranchement étranger sans qu'il soit barré
par une fortification. Sur ce point, l'auteur de la conférence sur
*le Chemin de fer et la Télégraphie militaire*, ne s'appesantit pas
assez sur un désavantage de cette nature qui peut devenir
funeste dans une invasion. C'est, dit-il : « dans un temps peu
« éloigné et vu le développement des relations entre les peuples,
« il ne sera pas toujours possible d'avoir des places fortes dont
« les remparts battent de leur canon toutes les voies ferrées. »

Heureusement que les auteurs militaires qui ont traité la
question ne se contentent pas d'exprimer un regret, mais s'accordent à dire : que les gares frontières doivent être couvertes
lorsqu'elles ne sont pas tournées par un embranchement étranger ; que les chemins de fer augmenteront l'importance des places
qu'on ne pourra tourner sans danger ; que les places reliées avec
l'intérieur du pays seront plus promptement secourues et appro-
visionnées et par conséquent absorberont moins de troupe pour
leur défense ; que dans le cas où l'ennemi construirait hors de
portée un tronçon ou bien placerait sur une route existante des
traverses et des rails pour mettre provisoirement en communication la ligne interceptée, les défenseurs de la place pourraient
opérer une sortie vigoureuse pour détruire les travaux et menacer les derrières de l'ennemi ; qu'enfin les forteresses fournissent
des abris pour le matériel de l'exploitation.

Il faut ajouter que jusqu'à présent le point de vue stratégique
n'a pas été écarté en France ; que pour les lignes qui aboutissent
aux frontières ou qui les longent, on a dû tenir compte des pre-

scriptions du génie militaire. Ces prescriptions qui, conformément au décret du 16 août 1863, sont toujours relatées dans un procès-verbal de conférence entre les ingénieurs des ponts et chaussées et l'officier du génie avec adhésion du directeur des fortifications, forment un des considérants du décret de concession du chemin.

C'est aussi dans un but de défense nationale qu'on a imposé aux compagnies françaises un réseau dit stratégique qui relie ou doit relier toutes les places fortes.

Au prochain exercice nous nous proposons de l'étudier à fond, d'en faire ressortir les avantages comme d'en critiquer les points défectueux.

### Chemin de fer de Bohême.

On peut dire de suite qu'ailleurs bien des fautes ont été commises sous ce rapport ; notre opinion sur la non libre entrée s'appuie sur un exemple récent, à peine entrevu, qui montre qu'un petit embranchement en Bohême a été l'objectif d'une offensive foudroyante dont les conséquences immenses sont encore en litige.

La configuration générale du pays, la valeur des troupes en présence, la différence d'armement, sont négligées avec intention. Il suffit d'une courte description du chemin de Saxe en Bohême pour faire voir le vice d'établissement de l'embranchement, ou, pour être plus clair, le manque de protection.

De Leipsick, où se raccordent par Halle les chemins prussiens, part une ligne qui traverse l'Elbe à Riesa, arrive à Dresde, point de jonction de la ligne Lobeau et d'un embranchement sur Chemnitz, Plauen vers Hof.

Lobeau se trouve ainsi, par Bautzen, relié à Dresde.

De la première à la dernière ville, deux lignes, presque parallèles, dirigées du N.O. au S.E., donnent entrée de Saxe en Bohême à travers le pâté très-sauvage des montagnes métalliques et de la Lusace.

Celle de Dresde à Prague, construite à grands frais, remonte la rive gauche de l'Elbe et passe à Pirna, elle est barrée par la place Kœnigstein, suit à une faible distance le fleuve, débouche à Aussig près Toplitz et Kulm, passe dans la forteresse de Théresienstadt où elle traverse l'Eger, tourne à droite en suivant la rive gauche de la Moldeau jusqu'à Prague, puis de cette ville se dirige directement vers l'Est et arrive à Pardubitz.

La deuxième ligne de la Saxe part de Lobeau, passe à Zitteau et Spotteau où commence le défilé, débouche en Bohème à Reichemberg, traverse l'Iser près Turneau et arrive dans la vallée de l'Elbe par la rive droite du fleuve dont elle suit le cours ; elle est d'abord barrée par Josephstadt ensuite par Kœnigsgraetz. Enfin, elle se joint à la ligne précédente à Pardubitz où elle traverse l'Elbe.

La figure de ces lignes est un parallélogramme dont les angles sont indiqués au nord par Dresde et Lobeau, au sud par Prague et Pardubitz.

Rien d'anormal pour la défense de ces deux voies, l'une est coupée par Kœnigstein dont le commandant saxon ne laissait passer alors ni trains ni bateaux par la place de Théresienstadt et enfin par Prague dont les anciennes fortifications ne sont pas sans valeur ; l'autre voie est interceptée par Josephstadt et Kœnisgraetz.

Où le manque de prévoyance est facile à démontrer, c'est qu'entre la frontière et Josephstadt existe un embranchement transversal qui se raccorde à Turneau, suit la vallée de l'Iser, passe à Podol et Jung-Brunzleau, traverse l'Elbe et la Moldeau et se joint à Kralup, au nord, près de Prague, à la ligne venant directement de Dresde.

Le mauvais tracé de cet embranchement a permis d'éluder en plein quadrilatère bastionné et naturel les forteresses précitées, sauf Prague qui pouvait présenter des obstacles et qui a été même livrée sans combat.

Personne n'ignore que le mouvement concentrique des trois armées prussiennes avait pour objectif Gitschin. En déterminant la position de ce point par rapport au chemin transversal dont il est question, et en traçant un triangle de 40 kilomètres de côté, on  trouve Turneau au sommet et Gitschin au milieu de la base, un côté formé  par le chemin Turneau-Josephstadt, l'autre côté par le chemin Turneau-Kralup.

Il ressort clairement que l'intention de rester  en communication constante par voie de fer avec la base d'opération en utilisant avec promptitude un tronçon que les Autrichiens n'avaient pas songé à couvrir par des ouvrages de campagne a dû prévaloir sur l'offensive par Olmutz qui barre le chemin de la haute Silésie ; qu'après tous calculs faits des difficultés à surmonter pour traverser les défilés, déboucher et faire jonction au point indiqué, prendre ensuite une initiative vigoureuse en cherchant en rase campagne une rencontre décisive sans avoir égard aux places fortes, celui d'avoir un point d'appui au moyen d'un chemin de fer a eu la préférence et atténue la faute des l'russiens d'avoir divisé leurs forces sur une trop longue ligne, d'avoir placé leurs colonnes entre des montagnes impraticables. Faute qui rappelle les mouvements et les échecs des Autrichiens en 1796.

Non-seulement Benedeck n'a pas montré l'activité de Bonaparte et n'a pas saisi opportunément la chance d'écraser séparément chaque armée prussienne, mais il a été surpris dans une longue marche de flanc (1).

(1) Dans les manœuvres du général Manteufel contre le général Bourbaki, nous voyons les Prussiens adopter un autre système, mais toujours relié au même principe de communications ferrées. On voit d'abord Garibaldi tenu éloigné du véritable point d'attaque par une fausse démonstration, masquant un mouvement tournant d'une grande audace. Pour l'opérer, on voit les Prussiens pénétrer avec rapidité par la trouée de Béfort, remonter résolûment la Dessoubre et les vallées parallèles et longitudinales de la chaîne du Jura, franchir la Loue et couper par derrière, à Mouchard, le chemin de Lyon à Besançon, englober ainsi dans un circuit Langres, Auxonne, Béfort, Montbéliard, Besançon et Salins ; mais voici la combinaison relative au chemin de fer : se mettre en communication avec Dijon, non par la ligne entière de Dijon à Neuchâtel qui est barrée par Auxonne, mais par Mouchard,

M. le commandant Fay, dans son étude sur la guerre de 1866, fait voir les deux fautes : « Le 22 juin une dépêche de Berlin « donna l'ordre aux trois armées de pénétrer en Bohême, en « convergeant sur Gitschin.

« Ce plan était habile ; il eût été dangereux si le général « autrichien avait eu toutes ses forces en Bohême, et surtout si « les défilés des montagnes avaient été suffisamment fortifiés « pour permettre une longue résistance, et donner au reste des « troupes le temps d'accourir. Les armées prussiennes se don- « naient en effet rendez-vous presque sur le champ de bataille, « et elles furent heureuses de n'y trouver, dans les premiers « jours, ainsi que leurs chefs l'avaient bien calculé d'ailleurs, « que des troupes inférieures en nombre ou arrivant successive- « ment, et surprises dans une marche de flanc. »

En parlant du chemin de fer il ajoute : « Ce chemin de fer « avait une importance capitale pour les approvisionnements « des armées prussiennes et leurs communications avec la Saxe « et la Prusse. »

En supposant que ce chemin de fer eût été intercepté par une place forte, il est évident qu'après Sadowa, les Prussiens, quoique exaltés de ce triomphe, n'auraient pu, faute de vivres, s'avancer que lentement en Moravie. Avec le temps les Autrichiens au- raient pu réorganiser leurs forces et recevoir des renforts d'Ita- lie. Personne ne peut indiquer le changement qui serait survenu.

Quoi qu'il en soit, la réussite a donné raison à la hardiesse de l'attaque. Mouvement audacieux fortement critiqué par tous écrivains militaires, qui n'était, il est vrai, que le complément de combinaisons mûrement étudiées à fond, de préparatifs de

Lons-le-Saunier, Louhans, Châlon-sur-Saône, et par l'autre embranche- ment Mouchard-Dôle-Châlon et Dijon, mais surtout par leur ligne directe de Nancy, Vesoul, Gray, Labarre et Dôle.

Des troupes solides se seraient maintenues dans des montagnes aussi dé- fendables, ou bien n'auraient été refoulées que vers Louhans, mais jamais en Suisse. Ce chemin devait être réservé à l'ennemi qui prêtait le flanc droit de son aile gauche trop avancée.

toute nature datant de longtemps dont celui de l'organisation des divisions spéciales des chemins de fer est remarquable comme application nouvelle en Europe et comme résultats obtenus.

Ainsi, c'est bien une question d'un grand intérêt pour la sécurité du pays que d'intercepter les lignes étrangères à la frontière, et devant laquelle doivent fléchir l'omnipotence des grandes compagnies, de même que les influences locales et commerciales (1).

### Règles pour la défensive.

Les idées générales qu'on peut émettre pour la défensive d'un chemin de fer sont moins précises que pour l'offensive, car observer un chemin de fer est une mission difficile même avec toute la surveillance imaginable, parce que l'ennemi donnera toujours le change soit par de fausses attaques, soit par des surprises sur des points faiblement occupés. Les excursions du capitaine autrichien Vivénot, détruisant avec un faible détachement le chemin de fer sur les derrières des Prussiens, ont fait connaître la difficulté de couvrir la grande étendue de la voie lorsque la contrée est infestée de coureurs.

Concentrer sur les points les plus importants des détachements chargés de protéger la voie, éviter dans une retraite le transport des troupes par chemin de fer à moins de renforcer un point en arrière, prendre des mesures d'avance pour l'évacuation du matériel d'exploitation et télégraphique, des magasins de vivres, qui malgré les meilleures dispositions peuvent être enlevés, placer des dispositifs de mines dans les piliers des ponts, sont toutes les indications particulières qu'on peut donner. Les autres opérations de défense sont du domaine de la grande et de la petite guerre.

(1) Dans ce moment, le mont Cenis vient d'être percé. Eh bien! un train italien pourrait aller à Bordeaux sans être battu par le canon d'aucun fort, en passant par Culoz, Mâcon, Chagny et Nevers.

Les forts de Laissaillon trop en arrière sur la hauteur, Montmélian et le château des Marches en ruines, Barrault et de Pierre-Châtel trop à gauche. Après, plus rien, pas une redoute! On doit construire un fortin. Mais quand?

# DEUXIÈME PARTIE
## MATÉRIEL DU CHEMIN DE FER

Le matériel d'un chemin de fer est divisé en deux parties :

Matériel roulant ;

Matériel fixe.

Le matériel, à quelle catégorie qu'il appartienne, est soumis, avant d'être employé, à la vérification et à la réception des ingénieurs des mines et des ponts et chaussées chargés du contrôle de surveillance.

## CHAPITRE PREMIER.
### MATÉRIEL ROULANT.

Le matériel roulant se divise également en locomotives, en voitures à voyageurs, en wagons à marchandises.

Les locomotives, autour desquelles gravitent tous les autres éléments du chemin de fer, sont classées en trois catégories :

Machines à voyageurs, affectées au service de la grande vitesse ;

Machines à marchandises, affectées au service de la petite vitesse ;

Machines mixtes, employées simultanément ou alternativement au service des voyageurs et des marchandises.

Les différents types de ces machines seront retrouvés plus loin.

Esquisse générale de la locomotive.

Il ne peut être question ici de remonter aux premiers essais de voitures se mouvant sur elle-même par la vapeur. On sait que la locomotive, comme la plupart de toutes les grandes inventions mécaniques, n'est point venue tout d'une pièce ; les perfectionnements ne sont arrivés qu'après une suite de combinaisons et d'expériences pratiques faites par des hommes de talent, qui, après avoir trouvé l'appareil pour utiliser la force élastique de la vapeur comme force motrice, se trouvaient embarrassés pour rendre le moteur lui-même automobile. La difficulté à vaincre était l'adhérence des roues sur les rails. En partant de ce principe que la chaussée des routes est le point d'appui des chevaux, et que la puissance de traction du cheval est en proportion du poids de son corps, les ingénieurs sont arrivés à résoudre le problème complexe de force de traction, d'adhérence et de vitesse, en prenant les rails pour point d'appui de la machine, et en calculant que la quantité de vapeur employée est en raison directe de la pesanteur de la locomotive.

Voici leur terme de comparaison : 1,000 kilog. de vapeur sur les rails comme points d'appui exigent une puissance d'adhérence des roues de la machine équivalente à un poids de cinq tonnes, de sorte qu'une machine a alors une puissance de traction de 1,500 kilog. Dans ces conditions, sur un terrain horizontal avec rails bien établis et voitures bien agencées, elle peut remorquer un train de 350,000 kilog., en faisant 15 kilomètres à l'heure. C'est-à-dire à peine le double de la vitesse d'une diligence.

Mais à ces données avantageuses il faut opposer les résistances qu'éprouve la traction et qui proviennent des rampes, courbes et mauvaise construction de la voie, sans compter le frottement de l'essieu et de roulement, la longueur de l'empatement des roues et la pression de l'air à déplacer. Il est facile de comprendre que tous ces éléments contraires impose la nécessité de déterminer la puissance motrice qu'il faut employer pour les surmonter. Ces obstacles sont donc : l'espace à parcourir par seconde, c'est-à-dire la vitesse ; le poids mobile à traîner ; pour les deux, les diverses conditions du tracé de la ligne.

La puissance de locomotion, quoique restant la même, peut se manifester par des résultats différents, selon qu'on veuille obtenir une grande vitesse ou bien traîner une forte charge à une faible vitesse. Mais quand la charge et la vitesse varient en même temps, la puissance de la machine est toujours proportionnelle au produit de la multiplication du poids par la vitesse. En appliquant le calcul à la machine, base de comparaison, sans rien changer aux conditions énoncées de traction et de terrain, on trouve :

$$350 \text{ tonnes} \times \text{ par } 15 \text{ kilom. à l'heure } = 5{,}250.$$

Maintenant si l'on veut doubler la vitesse, il faut réduire la charge de moitié :

$$175 \text{ tonnes} \times \text{ par } 30 \text{ kilom. } = 5{,}250.$$

D'après cela, les puissances de deux machines peuvent être égales, quand il y a égalité entre les deux produits des poids par les vitesses :

Machine à grande vitesse remorquant

$$35 \text{ tonnes} \times 60 \text{ kilom. } = 2{,}100.$$

Machine à marchandises remorquant

$$70 \text{ tonnes} \times 30 \text{ kilom. } = 2{,}100.$$

Ou bien encore :

$$39 \text{ tonnes} \times 55 \text{ kilom. } = 2{,}145.$$
$$65 \text{ tonnes} \times 33 \text{ kilom. } = 2{,}145.$$

Mais si la vitesse est doublée, triplée, quadruplée et au delà, et le poids mobile restant le même, la force doit être alors double, triple, quadruple et au delà. Si, au contraire, la vitesse reste la même, mais que le poids double ou triple, la force doit croître en énergie dans les mêmes proportions et de la même façon que l'autre cas.

Il reste à se rendre compte si réellement la force motrice connue peut être quadruplée, sextuplée et même décuplée.

Pour plusieurs raisons, il ne convient pas pour la démonstration d'entrer dans les détails et applications de formules qui sont définies dans tout traité de physique, cette prétention est hors des limites de ce simple aperçu. Néanmoins, quelques mots s nt nécessaires.

La force d'une machine se calcule : d'après la quantité de vapeur que peut fournir sa chaudière ; la manière dont la force élastique est employée sur les organes moteurs et distributeurs ; enfin sur bon fonctionnement des procédés mécaniques.

Pour élever la pression à la charge écrasante maximum de 21 kilog. (20 atmosphères 1/2) par centimètre carré, il a fallu considérablement augmenter la puissance de vaporisation. Ainsi le générateur cylindrique simple, qui ne donne en moyenne qu'une surface intérieure de 14 mètres carrés, présente une surface de chauffe de 100 à 196 mètres carrés, lorsque 100 à 300 tubes en cuivre de quatre à cinq centimètres de diamètre extérieur le transforment en un cylindre tubulaire, et que le foyer et le réservoir de vapeur sont de grandes dimensions et assez solidement construits pour résister à une tension de 210,000 kilog. par mètre carré.

Mais l'accroissement de vapeur n'a pu se faire qu'en augmentant le diamètre de la chaudière sans lui donner plus de longueur. Car cette grande quantité de tubes horizontaux plongés dans l'eau et où passent à travers les produits de la combustion pour se rendre dans la boîte à fumée, sont très-gênants pour le tirage du feu quand ils sont trop longs.

Il a fallu en même temps accroître l'adhérence et la vitesse en donnant aux roues un plus grand diamètre et en les accouplant, enfin, en portant le poids de la machine et du tender à 63,000 kilog.

D'après cette pression énorme, et avec la rapidité du mouvement alternatif du piston qui imprime aux roues une vitesse de 2 à 3 tours par seconde, la force de la locomotive, une fois la vitesse acquise, est de plus de 200 chevaux dont 150 employés au remorquage d'environ 1,200 tonnes.

Voilà succinctement le terme de comparaison et le maximum de la traction de la locomotive. Maintenant, il faut envisager les résistances diverses et l'on verra que cette force n'est pas de trop pour arriver aux résultats qui se produisent sur le chemin de fer.

*Résistances que doit surmonter la machine.*

### Courbes.

Pour éviter la forte dépense des travaux d'art. tels que tunnels, viaducs, tranchées et chaussées, on a graduellement admis des pentes de plus en plus fortes et des courbes de plus en plus prononcées. surtout dans les contrées montagneuses et dans le voisinage des grandes villes. Mais ce tracé économique présente de grandes résistances à la traction et est une des grandes causes de destruction du matériel, et, par conséquent. de dépenses d'entretien.

Plus les courbes sont prononcées, plus grande est la résistance qu'elles opposent à des roues formant un parallélogramme inflexible et trop allongé. Dans les courbes dont les rayons forment des angles de 5° avec le plan perpendiculaire des roues, les voitures ne roulent plus et sont remorquées comme des traîneaux, en faisant entendre le frottement des boudins de leurs roues contre les rails. L'usure et le grincement sur les rails seraient plus forts si la surface du bandage des roues n'était inclinée dans le sens horizontal.

On connaît bien théoriquement le moyen de remédier à ces inconvénients en donnant un mouvement radial à toutes les roues et à tous les essieux d'un même véhicule, afin que les essieux puissent se mettre toujours, chacun indépendamment de l'autre, dans le prolongement des rayons de courbure des rails. C'est, en un mot, limiter la force centrifuge, en facilitant le mouvement curviligne et en évitant le mouvement tangentiel.

Mais l'opération offre de grandes difficultés et de graves dangers sur une voie ferrée avec le matériel roulant actuel. D'un côté les essieux d'un wagon étant invariablement parallèles et les roues jumelles faisant corps avec le même essieu, ces roues sont donc inflexibles et solidaires ; tandis que les roues d'une voiture ordinaire sont mobiles autour de leur essieu, et que celles de devant, d'un plus petit diamètre, adaptées à un essieu qui pivote sur son centre, leur permettent de décrire une portion de cercle.

D'un autre côté, ainsi qu'il a été dit plus loin, pour avoir une plus grande vitesse et plus d'adhérence, il a fallu augmenter le diamètre et le nombre des roues motrices de la machine, mais il a bien fallu limiter ce diamètre aux courbes ou bien réduire ce nombre.

Une machine munie de 6 roues motrices de chaque côté de 1ᵐ,50ᶜ de diamètre implique une base de roues de 10 mètres. Un tel parallélogramme étant inflexible, saillirait sur une courbe de 100 mètres. Il équivaudrait à une puissance de traction de 12,000 kilog. (160 chevaux), mais il exigerait une flexion latérale.

Sur le chemin de fer de Sceaux et d'Orsay on fait l'essai d'un matériel articulé dont les résultats ne sont pas encore définitifs. Beaucoup d'ingénieurs prétendent que le mouvement indépendant des roues des wagons devient dangereux, surtout dans une direction qui n'est pas rectiligne ; car, disent-ils en se mouvant dans une courbe, la première roue qui frotte contre le rail extérieur se trouve partiellement arrêtée, alors que l'autre attenante et mobile sur le même essieu continue à tourner avec la même vitesse. De là une déviation forcée, un changement de direction ou déraillement.

Quoi qu'il en soit, c'est une perte de force bien évidente. Actuellement la résistance du frottement de roulement sur les courbes d'un rayon de moins de 300 mètres est de 22 kilog. par tonne, et de 11 kilog. sur les courbes de 500 à 1,000 mètres.

Afin d'éviter aux trains le risque de sortir du railway on a élevé le rail de la courbe extérieure, et pour résister à la poussée latérale des roues, on a donné aux deux rails vers le milieu de la voie une inclinaison de 1 dixième. Le voyageur a dû remarquer qu'en passant sur une courbe la voiture penchait du côté intérieur et que lui-même perdait l'aplomb du haut du corps.

Pour éviter aussi l'usure des rails et diminuer la résistance dans les courbes, on a donné aux bandages des roues la forme conique. Alors il se produit un mouvement d'oscillation transversal très-incommodant pour les voyageurs ; car les roues coniques vont tantôt à droite, tantôt à gauche, en cherchant la voie où elles subissent le moins de frottement. Pour remédier à ces lacets, les voitures sont plus étroitement liées par des barres et des chaînes. Mais cet accouplement transforme le train en un long traineau, augmente le frottement du boudin et paralyse la puissance de la machine qui sans cela pourrait traîner un nombre triple de charge. Or plus l'écartement des roues d'une même voiture est grand, plus le train est long et les voitures solidement vissées l'une à l'autre, plus est grande la longueur de l'empatement ou la résistance. Ce qui revient à dire, qu'une machine remorque plus facilement 20 wagons chargés chacun de 10,000 kilog. que 60 chargés chacun de 1 kilog.

Rampes.

En allant toujours du simple au composé, de la traction du cheval à la force de la locomotive, on a conclu : que si le cheval parvenait dans une rampe moyenne à remonter une voiture chargée et résister ainsi à l'accroissement de la pesanteur qui entraîne l'attelage en arrière, c'est que les muscles étaient vigoureux, et par suite, ses sabots adhérents à la route. Mais que l'inclinaison augmente, le cheval s'arrête s'il ne retourne pas en arrière. Le même effet se produit pour la machine, moins l'adhérence qui est moindre que celle du cheval et du chariot. En effet, si les quatre roues de ce chariot étaient fixées et immobilisées sur leur essieu comme celles des wagons, le cheval pourrait à peine ébranler un pareil traineau, et s'il était de force à faire mouvoir 3,000 kilog, dans cette hypothèse, il ne pourrait plus faire glisser que 500 kilog.

C'est précisément ce qui se passe sur les rails. Si les roues n'y glissaient pas plus facilement que sur les voies ordinaires, les trains se trouveraient dans une impossibilité complète de mouvement.

En revanche, dans une forte rampe et dans les temps de gelée, la machine perd pied, et ses roues en cessant de mordre tournent sur place s'il n'y a pas recul. Ainsi l'adhérence de toutes les voitures d'un train, qui est une entrave pour la traction, est, au contraire, dans ce cas, un frottement utile. Le système Fell employé sur le Mont-Cenis et ailleurs remédie à cet inconvénient, mais la vitesse est bien faible.

Question toujours complexe et contradictoire.

Il est donc évident que l'adhérence diminue à mesure qu'augmente l'inclinaison des rampes et qu'on ne peut prétendre de faire gravir des pentes rapides avec une force égale à celle qu'exige un terrain horizontal. La charge qui peut être tirée sur ce dernier terrain, avec la force de la machine base de comparaison et avec la même vitesse de 15 kilomètres à l'heure, est réduite à un tiers sur une pente de 1 p. 100; à un sixième, si la pente est de 2 p. 100; à un onzième, si elle est de 4 p. 100.

*Application sur le profil connu de Pont-de-Veyle à Mâcon.*

Charge de base dans 35 wagons chacun chargé de 10 tonnes de vivres. . . . . . . . . . . . . . . . . . . . . . . . . . . . . . . . . . . 350,000 kil.

A réduire pour résistances diverses.

- Pour rampe de 5ᵐᵐ,9, réduction, 50 kil. p. 100. . . 175,000
  - Reste. . . . . . . . 175,000
- Pour frottement de roulement de 17 vagons restant à 8 kil. par tonne.. . . . . . . . . . . . . . 1,400ᵏ
- Pour frottement de l'essieu à 1ᵏ,500 par tonne.. . . . . . . . . . . . . . . . . . . 0,262
- Pour frottement de la courbe de 1,000 m. à 11 kil. par tonne. . . . . . . . . . . 1,925
- Poids mort ou de 17 vagons à 4,000 kil. . 68,000

71,587

Reste. . . . . . . . . . . 103,413

Une machine de 20 chevaux ne pourrait traîner de Pont-de-Veyle à Mâcon que : 103,413 de vivres et munitions. Comme l'on voit, l'écart de 350 tonnes à 103 est énorme et explique suffisamment la nécessité d'employer de plus puissantes machines que celle base de comparaison. Pourtant, toute faible qu'elle soit, elle peut encore traîner le poids que peuvent transporter les 96 caissons ou chariots de parc nécessaires en campagne pour assurer le service d'une division de 10,000 hommes.

Si l'on veut transporter de Pont-de-Veyle à Mâcon 350 tonnes à la vitesse de 30 kilomètres à l'heure, la puissance de la machine doit être ainsi calculée :

Pour vitesse de 30 kilomètres au lieu de 15, force de 40 chevaux au lieu de 20 ;

Pour remorquage de 350 tonnes au lieu de 103, force quintuplée 100 chevaux ;

Total : 140 chevaux.

Comme sur le tracé de toutes les lignes il y a des rampes, des pentes et des paliers qui tantôt arrêtent la traction, tantôt la facilitent par impulsion et lui font dépasser de plus de moitié la vitesse réglementée. C'est-à-dire que dans les montées la vitesse n'atteint pas la moitié de celle obtenue avec la même puissance de pression sur une descente ; par conséquent, la marche d'une machine n'est pas la même dans tout son parcours.

En ouvrant un indicateur ordinaire on trouve que le trajet direct de Mâcon à Bourg s'effectue en 46 minutes, et qu'au retour la durée n'est que de 43 minutes. Ce qui explique qu'en établissant un tableau de marche il est nécessaire de combiner la vitesse avec le profil de la voie.

On peut avoir une idée exacte de cette différence en consultant les dessins ci-joints. De Mâcon jusqu'au kilom. 9, il n'y a que pentes et paliers, de ce kilom. jusqu'à l'arrivée, la voie ne fait que monter et elle atteint jusqu'à 6$^{mm}$ par mètre. La marche sur le tableau est ainsi réglée : pendant 9 kilom. la vitesse est de 60 kilom. à l'heure, elle n'est plus que de 45 après.

Mâcon. Départ à 6ʰ42. Passage à Pont-de-Veyle, 6ʰ50. Trajet.  8 minutes.

| — | à Vannes. . . . . 7 02. | — | 12 | — |
| — | à Mezériat.. . . 7 08. | — | 6 | — |
| — | à Poliat. . . . . 7 16. | — | 8 | — |
| Arrivée à Bourg. . . . . 7 28. | — | 12 | — |

Total du trajet du train express. .  46

Vitesse moyenne par kil. . . . . . . .  1 minute 25 secondes.

Le tableau suivant, extrait du règlement du chemin de fer, donne la limite du nombre de wagons dont peut se composer un train d'approvisionnements sur les diverses sections.

| | NOMBRE MAXIMUM de wagons | |
| --- | --- | --- |
| | par train remorqué par 1 machine. | par train remorqué par 2 machines. |
| Sections à pentes ou rampes ne dépassant pas 5 millim. par mèt. | 80 | 80 |
| — de plus de 5 jusqu'à 8 millim. . . | 70 | 80 |
| — de 8 à 10 millim. . | 60 | 80 |
| — de 10 à 15 millim. | 50 | 70 |
| — de 15 à 20 et au delà. . . . . . . . | 40 | 50 |

Les chiffres de ce tableau se rapportent à des wagons chargés. Lorsque les trains contiennent du matériel vide, on doit compter deux wagons vides pour un wagon chargé. Toutefois, le nombre effectif des wagons vides ou chargés ne doit pas dépasser quatre-vingts.

Enfin, au point de vue de leur tracé les chemins de fer se divisent en :

Chemins à pentes faibles de 5 à 8 ᵐᵐ

Chemins à pentes moyennes de 8 à 10 ᵐᵐ

Chemins à fortes pentes de 10 à 20 et au delà.

Les charges en tonnes à donner aux trains sont donc déterminées, par chaque section, d'après la puissance de la machine et la vitesse des trains. En outre, pour faire ce calcul et pour assurer une locomotion régulière, il est indispensable de connaître le profil de la voie. Car, comme l'on verra plus loin, le moteur doit prendre des proportions exceptionnelles lorsque l'inclinaison est de 40 millièmes comme sur Sommering et dans les Alpes Génoises sur le chemin de Turin à Gênes, de $35^{mm}$ sur la ligne de Dijon à Neuchâtel par Pontarlier (Jura) et de $26^{mm}$ de Tarare à Amplepuis (Lyonnais).

Pour compléter l'esquisse générale de la locomotive, il reste encore à donner une courte description de ses organes.

Trois parties principales composent la locomotive :

Le châssis ou cadre de voiture ;

Le corps cylindrique de la chaudière ou appareil générateur de la vapeur ;

Le mécanisme ou appareil récepteur de la vapeur et producteur du mouvement.

### Châssis.

Le châssis est un cadre en fonte de forme rectangulaire, consolidé par des traverses en même métal et croix de Saint-André. Il repose sur des ressorts qui surmontent les roues motrices et de support ; il soutient lui-même toutes les parties de la machine.

Il est muni sur le devant de deux tampons avec ressorts de choc, barres d'attelage ou de traction et chaînes de sûreté ; ce qui permet la marche du tender en avant. Une forte barre de fer assujettie à l'avant, et appelée chasse-pierre, rase les rails à 5 centimètres et enlève les objets encombrant la voie. En temps de neige, on y attache un fort balai en bois, et dans les pays de montagne, lorsque la neige est trop abondante, on y adapte un chasse-neige en fer et bois en forme d'éperon qui rejette la neige des deux côtés de la voie. L'arrière est également relié au tender par une barre d'attelage à vis et avec une plate-forme en fonte qui fait pont.

Enfin un rebord en fonte, espèce de galerie, contourne le châssis et facilite le mécanicien dans son travail d'entretien.

### Chaudière.

La chaudière présente à l'extérieur trois choses principales :

1° Le foyer ou boîte à feu placé à l'extrémité d'arrière est de forme rectangulaire, de préférence à la forme cylindrique dont les parois courbes offrent à la pression une trop grande résistance et qui diminuent aussi la surface de chauffe. Deux fortes enveloppes reliées par un système d'armatures ou entretoises en cuivre rouge rivées sur les parties latérales et fixées de champ sur la face du ciel du foyer, donnent la solidité nécessaire pour résister à la forte tension qu'on connaît. Il résulte de cette enveloppe ou séparation que l'eau de chaudière entoure le foyer par cinq de ses six faces et qu'elle reçoit de suite l'action rayonnante.

La sixième face ou le fond est formée d'une grille à barreaux mobiles, horizontaux dans les machines où l'on brûle du coke, à gradins inclinés quand c'est de la houille. Une tringle soulevée par le mécanicien renverse une moitié de la grille et laisse tomber le feu. Enfin au-dessous de la grille se trouve le cendrier ou caisse en tôle qui a l'avantage de prévenir les incendies en recueillant les fragments de coke enflammé, mais qui a l'inconvénient de nuire au tirage et de se remplir de neige.

Lorsque sur la voie il y a une vingtaine de centimètres de neige qui finit par faire boule et tout obstruer, le tirage est alors entièrement arrêté.

Au-dessus du foyer se trouve le dôme qui sert de réservoir de vapeur. Dans les nouvelles machines, ce dôme est supprimé et remplacé par une boîte de prise de vapeur placée plus près de la cheminée ; mais il y en a encore sur les chemins de fer et surtout de l'Ouest (comme l'on peut le voir tous les jours à Rueil). C'est dans l'intérieur de ce dôme que débouche le tuyau de prise de vapeur où il se recourbe verticalement au-dessus du foyer. Un régulateur, tantôt à papillon, disque circulaire comme l'on en voit dans les fourneaux de nos cuisines de caserne, tantôt à tiroir percé de lumières, que règle à volonté le mécanicien au moyen d'une tringle à manivelle, sert à l'admission intégrale de la vapeur sur le piston, à sa fermeture complète, ou bien à un passage proportionné aux ouvertures laissées libres.

Sur les parties extérieures de la boîte à feu et à portée du mécanicien se trouve tout un jeu de manivelles, robinets, etc., dont les fonctions seront expliquées ci-après en indiquant la manière de mettre en marche une machine.

2° La chaudière de forme cylindrique qui relie la boîte à feu à la boîte à fumée est en tôle d'un mètre à un mètre cinquante de diamètre, selon les machines. Des tubes en laiton laminé, qui ont l'avantage d'accroître la surface de chauffe et de rendre la chaudière inexplosible, car en crevant les premiers ils répandent l'eau et la vapeur dans le feu, sont ouverts aux deux bouts et font communiquer le foyer avec la boîte à fumée. Ils sont plongés dans l'eau et transmettent à celle-ci la chaleur du foyer qui la réduit en vapeur.

L'eau enveloppe la boîte à feu, les tubes, et son niveau dépasse de quelques centimètres le ciel du foyer, mais ne remplit jamais la chaudière. Un réservoir de vapeur est ainsi ménagé. Un tuyau placé horizontalement le long de ce réservoir et percé à sa partie supérieure d'ouvertures où se précipite la vapeur dégagée des particules liquides, sert de conduit au fluide dans la capacité du dôme. A cette capacité aboutissent deux tubes latéraux qui descendent la vapeur jusqu'aux cylindres des pistons et dont l'admission totale ou partielle est limitée par le régulateur.

Enfin la chaudière est recouverte de douves en acajou qui par leur faible conductibilité s'opposent au refroidissement dû au contact de l'air. Elles-mêmes sont recouvertes par une deuxième enveloppe en cuivre jaune ou en tôle.

Le corps du cylindre est monté sur des ressorts de suspension. Pour offrir le plus de stabilité, son centre de gravité général doit être le plus bas possible.

En temps de verglas, qui rend le rail trop glissant, on adapte sur le haut de la chaudière une grande urne en cuivre remplie de sable. Au moyen de deux tuyaux, ce sable est répandu devant les premières roues, donne le mordant et facilite l'adhérence.

3° La boîte à fumée qui se trouve à l'avant de la machine et dans laquelle débouchent les tubes de la chaudière est une capacité qui reçoit la fumée qui s'échappe à travers ces tubes avant de monter dans la cheminée. Capacité indispensable à cause de la position horizontale des tubes et dont l'air déplacé par la marche refoulerait ainsi à l'arrière la fumée et annulerait le tirage si ces tubes n'étaient pas abrités intérieurement. A l'intérieur également de la boîte à fumée, surmontée de la cheminée dont la hauteur ne peut malheureusement dépasser celle des ponts et tunnels, se trouvent deux tuyaux d'échappement réunis en un seul à la base de la cheminée, qui est évasée exprès pour faciliter leur courbure. Ces tuyaux, qui reçoivent la vapeur après qu'elle a agi sur les pistons, servent à faire appel au tirage de la cheminée dans laquelle, par suite de la dilatation de la vapeur, se produit un courant d'air ascensionnel, puis une série de vides alternatifs. Ensuite la vapeur se répand dans l'air en un nuage blanc. En ouvrant ou fermant deux valves mobiles placées à l'orifice de la réunion de ces tuyaux, le mécanicien peut, au moyen d'une tringle qui met en mouvement le registre modérateur, régler à volonté le tirage.

La cheminée qui surmonte la boîte à fumée est généralement de hauteur déterminée aux travaux d'art. Son diamètre est égal aux trois quarts de celui que forment les sections réunies des tubes. Elle porte sur l'avant de la partie supérieure un écran en tôle ou capuchon qu'on peut lever ou rabattre selon le besoin. En outre, un couvercle percé de trous sert à arrêter les flammèches vomies par la cheminée.

Enfin une grande porte de toute la largeur de la boîte permet au mécanicien de nettoyer et ramoner les tubes de la chaudière et l'intérieur de la cheminée.

### Mécanisme ou production du mouvement.

L'organe principal du mécanisme qui reçoit directement la force élastique et transmet le mouvement, est le piston renfermé dans une boîte en fonte placée à l'avant et à hauteur des essieux. Cette boîte est divisée en deux parties distinctes : l'une de forme cylindrique où se meut le piston moteur, l'autre rectangulaire où arrive d'abord la vapeur et où un tiroir la distribue alternativement dans les deux chambres qui séparent le piston. C'est-à-dire, qu'à la boîte rectangulaire renversée et qui est appliquée par sa base sur la face aplanie du cylindre, vient aboutir le tuyau qui conduit la vapeur depuis le dôme. Comme dans la paroi intérieure de ce rectangle, deux orifices ou lumières d'introduction permettent à la vapeur d'entrer ou de sortir des chambres suivant la position du tiroir qui couvre l'une et découvre l'autre de ces ouvertures au même instant ; comme entre ces lumières il se trouve une troisième ouverture par où s'échappe la vapeur refoulée, il en résulte que le jet de vapeur introduit d'un côté à la fois imprime au piston un mouvement rectiligne alternatif, et que la vapeur refoulée, après avoir fait son action dans une des chambres, se perd dans l'atmosphère à travers le tuyau d'échappement en activant ainsi le tirage de la cheminée.

Le piston est muni d'une tige qui pénètre à frottement dans une boîte à étoupe. Cette tige, dirigée dans sa course par un cadre ou glissière, est articulée à une bielle qui s'enchaîne par l'autre extrémité à la manivelle de l'essieu.

Maintenant, la tige du tiroir qui pénètre également à frottement reçoit un mouvement de va-et-vient par deux excentriques juxtaposés et fixés à l'essieu moteur, dont les bras sont articulés à une pièce circulaire ou coulisse fixée au bâti du châssis et dont la concavité est tournée vers les cylindres. Cette coulisse reçoit d'un côté dans une rainure l'extrémité mobile de

la bielle du tiroir, et dans une autre partie la tringle qui change
la position du tiroir pour marcher en arrière.

Quand l'essieu prend un mouvement de rotation, l'excentrique tourne, et, en raison de sa position et de sa forme, il écarte et rapproche le collier, puis communique le mouvement par une tringle au tiroir de distribution. Une liaison est ainsi établie avec le mouvement de la tige du piston.

Cette liaison doit être telle : que la tige du tiroir doit marcher dans le même sens que la tige du piston pendant la première moitié de la course de cette dernière, et en sens inverse pendant l'autre moitié.

Une autre position corrélative est nécessaire pour que le mouvement en avant ne devienne rétrograde et pour mieux utiliser la vapeur. C'est par la disposition à angle droit des coudes de l'essieu, ou des deux manivelles lorsque l'essieu est droit et non coudé, les deux pistons occupent à chaque instant des positions opposées. C'est-à-dire, que quand dans un cylindre le piston est au bout de sa course, dans l'autre il est au milieu de la sienne. Il est impossible de cette manière que le mouvement ne soit pas continu jusqu'à la suppression de la vapeur.

Il fallait dire d'abord, que chaque locomotive a au moins deux cylindres et que certaines en ont quatre; que les cylindres sont assujettis symétriquement dans le châssis, tantôt à l'intérieur entre les deux roues d'un même essieu, et alors cet essieu est deux fois coudé et forme lui-même manivelle; tantôt à l'extérieur surplombant la voie, et dans ce cas l'essieu est droit; qu'enfin les cylindres sont aussi tantôt horizontaux et tantôt inclinés.

Enfin des robinets de purge placés presque au niveau des rails laissent échapper la vapeur lorsque les cylindres sont échauffés ou, lorsqu'il y a danger, qu'il soit nécessaire d'arrêter presque immédiatement le train en faisant contre-vapeur, c'est-à-dire, faire tourner les roues en arrière, alors que la vitesse acquise ou force d'impulsion fait marcher le train en avant.

Par suite d'avaries une locomotive peut également marcher

avec un seul piston, soit en démontant une bielle, soit en mettant le tiroir au point mort ou à bout de course avec le piston endommagé.

La production, l'admission, la distribution de la vapeur et le mouvement rectiligne connus, reste à dire deux mots du mouvement circulaire.

Comme il est dit plus haut, la tête de la tige du piston est réunie à la grande bielle motrice, forte barre métallique qui s'articule au coude de l'essieu qui forme manivelle. Cette bielle recevant du piston un mouvement de va-et-vient est comme un bras qui fait tourner manivelle, essieu et roues. De là un mouvement de rotation qui se communique à l'excentrique de distribution.

Quand l'essieu est droit et par conséquent le cylindre extérieur, on adapte au moyeu des roues motrices une manivelle d'une longueur égale à la moitié de la course du piston. Elle est terminée par un bouton auquel vient s'attacher la bielle.

Chaque machine n'a jamais moins de six roues. Certaines en possèdent huit, dix et même douze accouplées par groupes. Les roues sont généralement en fer forgé avec bandages en acier. La forme de bandage est conique et un rebord maintient les roues entre la voie. Les roues motrices sont celles qui reçoivent directement l'action du piston, elles sont d'égale dimension et font corps avec le même essieu. Lorsque cette paire de roues est accouplée par une double bielle à deux ou même à quatre autres roues, alors toutes celles accouplées sont de la même grandeur. Les roues indépendantes destinées à tenir la machine en équilibre, dites roues de support, sont de plus petites dimensions afin de ne pas augmenter leur base.

Le diamètre des roues motrices varie entre $1^m,10^c$ et $2^m,30$. Avec des roues de $2^m,30$ faisant trois tours par seconde et par suite le développement sur le rail plus allongé, la force de la machine se traduit en vitesse. Au contraire, plus la course du piston est longue et les roues petites et accouplées et plus est grande la force d'adhérence et de remorquage au détriment de la vitesse.

Une autre pièce principale du mécanisme est le levier de changement de marche qui se trouve à portée du mécanien à la droite de la boîte à feu. Le bras de ce levier s'engrène dans un secteur-guide portant des crans. Le cran extrême d'avant correspond à la marche en avant ; le cran extrême d'arrière à la marche en arrière ; le cran du milieu est un point mort. Les crans intermédiaires donnent la détente pour la marche en avant et en arrière. Dans beaucoup de machines, au lieu du levier, il y a une manette qui fait glisser un curseur sur une planche graduée, mais le principe est toujours le même.

En supposant la machine arrêtée après une marche en avant, le levier au point mort est le régulateur fermé, dans cette position : l'un des coudes de l'essieu est vertical et le piston qui le fait mouvoir est au milieu de sa course ; l'autre coude occupe une position horizontale et son piston est à fin de course. Dans cette dernière position le piston ne peut recevoir aucune action de la vapeur, tandis que dans la première le piston étant placé au milieu, le tiroir correspondant est à la fin de son mouvement. De sorte que si la vapeur arrive dans la boîte le mouvement sera le même en avant. Mais s'il devient nécessaire de substituer à la marche en avant la marche en arrière, ce que le mécanisme d'un seul excentrique ne pourrait faire, le mécanicien n'a qu'à renverser le levier jusqu'au cran extrême d'arrière, le mouvement se communique à la barre de relevage de l'autre excentrique qui, par le moyen de la coulisse, transporte le tiroir à son autre position extrême. La vapeur entrant alors par l'autre lumière, le piston marche en sens inverse et la manivelle de la roue prend également le mouvement de marche en arrière.

Comme il est dit, les crans intermédiaires donnent la détente qui produit une grande économie dans la dépense de la vapeur. La détente sert aussi à modifier la longueur de la course du tiroir en diminuant l'amplitude des oscillations de la bielle de l'excentrique. C'est-à-dire que la vapeur introduite dans le cylindre pendant la moitié de la course du piston produit le même effet que si elle pénétrait pendant toute la durée. C'est ce qu'on appelle avance à l'admission et forte avance à l'échappement.

En combinant la détente avec le maintien de la vapeur à la plus haute pression, on trouve qu'à huit atmosphères, le travail d'un kilog. de vapeur dépasse d'un cinquième celui qu'on obtient par une pression de quatre atmosphères.

L'alimentation de l'eau dans la chaudière se fait au moyen d'une pompe aspirante et foulante dont le piston plongeur reçoit un mouvement d'un excentrique. Le corps de pompe où se meut ce piston se bifurque en deux tuyaux : l'un, d'aspiration, communique avec le tender ; l'autre, de refoulement, est adapté au flanc de la chaudière et loin du foyer. A ce dernier tuyau se trouve un robinet d'épreuve que le mécanicien ouvre par l'intermédiaire d'une tringle.

Dans presque toutes les locomotives, les anciennes pompes sont remplacées par un injecteur : la vapeur arrive dans l'appareil par un tube de communication, s'échappe par un ajustage conique, fait ainsi un vide en entraînant l'air et en permettant à l'eau de monter en face d'un orifice ; un deuxième jet de vapeur injecte alors l'eau dans la chaudière.

Deux poignées à vis permettent au mécanicien de régler la quantité d'eau à lancer.

Afin de ne pas abaisser tout à coup la tension de la vapeur, il faut qu'en hiver l'eau envoyée dans la chaudière ne soit pas trop froide. A cet effet, outre les réservoirs spéciaux des gares où l'on chauffe l'eau, des tuyaux réchauffeurs amènent la vapeur de la locomotive en repos dans l'eau du tender qui sans cela se gèlerait.

C'est au moyen d'un tube analogue que doit être préparé le café pour les troupes embarquées. Or, si dans cinq minutes un seul tuyau suffit pour faire bouillir 100 litres d'eau, deux tubes donnent également un certain degré de chaleur aux 5,000 litres au moins et aux 8,000 litres au plus que contient la caisse à eau du tender.

Les autres pièces à portée du mécanicien sont :

Les deux soupapes de sûreté disposées au-dessus du foyer. Un ressort à boudin fixé verticalement contre la chaudière presse la soupape sur son siége.

Quand la pression dépasse la force de résistance des parois du générateur, ce ressort cède et l'excès de la vapeur s'échappe alors en faisant entendre le sifflet d'alarme. A côté des soupapes se trouve le sifflet que le mécanicien fait jouer en pressant un levier maintenu par un ressort à boudin. Le jet de vapeur frappe un timbre en bronze qui surmonte une coupe de même métal et qui produit un sifflement aigu pour les locomotives de voyageurs, un son plus grave dans les machines à marchandises.

Un indicateur à niveau d'eau en cristal, communiquant avec la chaudière au-dessus et au-dessous du niveau habituel, indique si l'eau est en quantité suffisante. En cas de rupture de ce tube, on peut intercepter la communication en fermant deux robinets. Alors trois autres robinets d'épreuve suppléent à l'indicateur.

Un robinet de vidange au bas de la boîte à feu sert à vider la chaudière.

Le manomètre employé dans les locomotives est métallique, il est gradué d'avance comme le manomètre à air libre et détermine en atmosphères, suivant la force de résistance des parois du générateur, la puissance de la machine.

Enfin, sur le tender se trouve un assortiment d'outils : pelle à coke, pique à feu, lance pour renverser la grille à feu, tringle pour nettoyer et tamponner les tubes, cric en fonte à double soulèvement pour relever les voitures déraillées, etc.

#### Différents types de locomotives.

On a vu que la puissance de traction du cheval est en proportion du poids de son corps, que si dans les rampes il parvient à remonter de fortes charges, c'est que ses muscles sont vigoureux, c'est donc le lourd timonier. Maintenant le cheval de course qui franchit les fossés et les haies possède la même vigueur de muscles, mais cette force est appropriée à la vitesse. Chaque type de locomotive est conçu d'après le même principe et rend les divers services pour lesquels il a été exécuté. De là la classification en trois catégories :

1º Machines à voyageurs marchant avec une vitesse minimum de 40 kilom. à l'heure, souvent à celle de 60 et 80 kilom., mais ne pouvant à cette dernière vitesse que remorquer 15 voitures au lieu de 25 qu'elles peuvent traîner à 45 kilom. Ayant des roues motrices de 1$^m$,68$^c$ à 2$^m$,30$^c$ de diamètre indépendantes des roues de support et surtout des pistons d'une faible longueur.

La machine Crampton en est le plus beau modèle. Les deux roues motrices qui sont en arrière de la boîte à feu dont le dôme est supprimé ont 2$^m$,60$^c$ de diamètre; les deux paires de roues de support sont plus petites et très-écartées, ce qui donne un abaissement du centre de gravité général au profit d'une haute puissance de vaporisation. C'est-à-dire, que le générateur a un diamètre plus fort sans être pour cela trop allongé. La chaudière traversée par 240 tubes fait obtenir une surface de chauffe de plus de 100 mètres carrés. Le foyer et le réservoir de vapeur sont de grandes dimensions. Les cylindres sont extérieurs et horizontaux avec tiroirs inclinés. Elle pèse, avec le tender, 45,000 kilog. Elle coûte 55,000 francs, et le tender 11,000. La consommation moyenne est de 8 kilog. de coke par kilomètre, et la dépense totale de chauffage et d'entretien est de 0,66$^c$ par kilom. Elle fait 47,100 kilomètres par an et sa durée est d'une dizaine d'années. C'est-à-dire après un parcours de 471,000 kilomètres, environ douze fois la circonférence du globe.

Dans les locomotives Buddicom de l'Ouest, les roues motrices sont intermédiaires entre les autres et soutiennent le milieu de la chaudière qui est traversée de 170 tubes. Les cylindres sont extérieurs et inclinés, ce qui donne un fort mouvement de galop. Le dôme existe toujours. Leur puissance, à vitesse égale, n'est pas plus que les quatre cinquièmes de la machine Crampton. Elles sont très-légères et ne pèsent que 37,000 kilog. La consommation est moindre que la Crampton, il faut du coke de 1$^{re}$ qualité. La dépense moyenne par kilomètre parcouru est de

95 centimes. Leur prix avec tender est de 40,000 francs. Elles font en moyenne 35,000 kilomètres par an.

La locomotive Polonceau, qui fait le service des trains express de la ligne d'Orléans, s'approche beaucoup du type précédent.

Les autres types sont les Cramptons badoises à train articulé, les types anglais Mac-Comel et la machine Stephenson à trois cylindres.

Un des types destiné à remplacer tous les précédents est l'Engerth perfectionné à quatre cylindres, ayant deux paires de roues motrices de grand diamètre, l'une à l'avant et l'autre à l'arrière et au milieu deux de support.

Enfin les Américains n'emploient pour les voyageurs et les marchandises qu'un seul type. Les machines ont 8 roues dont les quatre de support d'avant sont à pivot central et leurs essieux peuvent prendre une direction oblique et les quatre roues motrices sont accouplées. Le chauffage est fait avec du bois ; à cet effet, la cheminée en forme de poire est recouverte d'un tamis métallique pour arrêter les étincelles. Comme leurs lignes ne sont pas clôturées et que les passages à niveau ne sont pas gardés, à l'avant de chaque machine est disposé un chasse-bœuf, sorte de grille en fer qui écarte le bétail de la voie. Quand le train arrive près d'un passage à niveau le mécanicien fait sonner une grosse cloche.

2° Les machines à marchandises marchant avec une vitesse moyenne de 30 kilomètres à l'heure, ayant des roues accouplées d'un diamètre de 1$^m$,10$^c$ à 1$^m$,50 et remorquant, sur les chemins où les rampes ne dépassent pas cinq millimètres, jusqu'à 1,200 tonnes.

La locomotive Engerth, du nom de l'ingénieur autrichien, est le modèle de la plus puissante machine. L'assemblage du tender à la locomotive présente bien une complication pour les chemins en plaine ou à faibles pentes et courbes, mais lorsque le tracé offre des courbures de petit rayon on de fortes rampes, cette disposition établit plus de solidarité entre le tender et la machine sans dépasser les dimensions ordinaires. Elle a six roues accouplées avec des cylindres de grandes dimensions qui permettent aux pistons une plus longue course. Les cylindres sont extérieurs et à double bielle. La surface de chauffe dépasse celle de la Crampton et les dimensions du foyer sont considérables. Elle pèse avec le tender 62,800 kilog. et coûte environ 120,000 francs. La consommation de combustible de bonne qualité est de 16 kilog. de houille par kilomètre en été ; en hiver elle est de 18, et de qualité inférieure, 23 kilog. ou 12 kilog. par minute. Enfin, son entretien coûte 1 fr. 15c par kilomètre.

Deux variétés de ce type sont construites suivant des systèmes spéciaux. La cheminée n'est plus à l'avant, mais passe horizontalement sur la tête du mécanicien. Ce qui a permis de faire une plus grosse chaudière sans la faire plus longue. Douze roues motrices accouplées répartissent la charge sur douze points d'appui et donnent une forte puissance d'adhérence ; les six roues de devant sont commandées par les deux cylindres de devant et les six autres par les deux pistons d'arrière.

La machine-tender et la locomotive de montagne appartiennent à cette catégorie.

3° Les machines mixtes marchant à la vitesse de 35 à 50 kilom. à l'heure, suivant le profil de la voie et la charge, laquelle est ordinairement de 25 à 30 véhicules, sont destinées à un service de vitesse moyenne. Elles sont employées pour remorquer de forts trains de voyageurs, des convois ordinaires de marchandises, ou des trains mixtes mi-partis de voyageurs et de wagons. Elles ont également six roues ; les quatre motrices sont accouplées et ont un diamètre de 1m,50c à 1m,60 ; le piston est d'une course moyenne. Elles pèsent en moyenne 36,000 kilog. et consomment la même quantité de combustible que les locomotives de grande vitesse et coûtent de 50 à 55,000 francs. La moyenne de la dépense d'entretien est de 95 centimes par kilom. Les types sont très-variés : Engerth, Polonceau, Schneider, etc., sont les noms qu'ils portent. Ce sont les meilleurs pour les convois de troupe.

Enfin, on étudie dans ce moment les moyens d'employer le

pétrole dans les locomotives, et l'on est déjà parvenu à des résultats satisfaisants.

Manière de chauffer et de mettre en marche une locomotive.

Avant de rien commencer, la locomotive doit être lavée et nettoyée à fond ; les tubes de la chaudière, le tuyau d'échappement et l'intérieur de la cheminée ne doivent contenir ni noir de fumée ni escarbilles de coke.

Toutes les pièces à frottement doivent être graissées et les godets graisseurs remplis d'huile.

S'assurer par les robinets d'épreuve et le niveau que l'eau dans la chaudière dépasse de quelques centimètres le plafond du foyer.

Ouvrir le registre modérateur du tirage et relever le capuchon de la cheminée, fermer le régulateur, placer le levier de changement de marche au point nord, vérifier l'attelage du tender et serrer son frein.

S'assurer que, selon l'activité, la durée du service et la puissance de la machine, l'approvisionnement en eau et en combustible soit au complet : 5,000 à 8,000 litres d'eau, 1,000 à 3,000 kilog. de coke ou de houille agglomérée.

Procéder à l'allumage du coke en le disposant de manière que sa plus grande hauteur soit vers la porte du foyer et sur les côtés sans jamais boucher les tubes. Cette disposition est utile, parce que plus la surface de chauffe est en contact avec le combustible en ignition et plus est efficace la transmission de la chaleur.

Calculer que l'hiver il faut près de trois heures pour chauffer l'eau de la chaudière et du tender.

En temps de neige attacher au chasse-pierre un fort balai en bois ; en temps de verglas remplir l'urne de sable qui doit être répandu en marche devant les premières roues pour leur donner du mordant.

La machine devant avoir au moins une lanterne à feu blanc, s'assurer de l'état de la lampe et du réflecteur.

Toutes ces précautions étant prises, le manomètre indiquant la pression voulue en nombre d'atmosphères, qu'il soit temps de prendre la mise en tête du train, donner un coup de sifflet prolongé qui commande l'attention, baisser en avant e levier de marche en se servant des crans intermédiaires pour démarrer sans brusquerie, ouvrir peu à peu le régulateur et alors la machine marche en avant. Essayer pendant quelques centaines de mètres si elle fonctionne bien.

Connaître à l'avance la charge à traîner, la longueur du train, le profil et les courbes du chemin à parcourir, l'état atmosphérique, neige, verglas et vent, et les combiner avec la puissance de la machine et la vitesse de la marche.

La machine étant attelée au train, s'assurer que la corde de la cloche établie sur le tender qui sert de signal de départ et pour avertir le mécanicien de stopper quand le train est en marche communique avec le fourgon de tête où se trouve le chef de train.

Au signal de départ, mettre le train en marche comme il est dit en ne désemparant que progressivement pour ne pas faire rompre les attelages ou bien faire patiner la machine.

Si en route la machine doit pendant certains moments de son parcours déployer toute sa puissance, en dehors de ces cas, sa force est réglée à volonté au moyen de la détente, du régulateur qui limite l'admission de la vapeur, du registre modérateur qui modifie le tirage. Mais il est préférable d'avoir un feu toujours actif.

A l'arrêt ou à l'arrivée, le régulateur doit être fermé quelques instants avant. La vitesse acquise amène lentement le train à la station. Alors les freins sont serrés et le levier de changement mis au point mort.

Se mettre en marche en avant ou en arrière, c'est toujours la même manœuvre : desserrer les freins, renverser le levier de marche et ouvrir le régulateur.

Si à l'arrivée la machine doit rester prête à repartir au premier signal, le tirage doit être intercepté, le capuchon baissé, le régulateur fermé, le levier placé au point mort, le frein du tender serré. La consommation est presque nulle pendant une journée.

### Instructions pour le mécanicien.

La marche de la machine doit, autant que possible, être régulière.

Il est interdit au mécanicien d'arriver aux gares avant les heures fixées par le tableau de marche. Il doit user de tous les moyens en son pouvoir pour ne pas arriver après les mêmes heures, sans cependant dépasser de plus de moitié la vitesse réglementaire du train.

A l'approche des gares et des passages à niveau qu'il ne peut apercevoir de loin, à l'entrée et à la sortie des souterrains et des tranchées en courbe, le mécanicien doit jouer du sifflet pour signaler la présence du train.

Il doit toujours siffler au moment où il dépasse un disque avancé dont les signaux s'adressent à la voie qu'il parcourt, afin que le poste protégé par ce signal puisse, s'il y a lieu, le manœuvrer sans retard.

Il doit se servir également du sifflet, comme moyen d'avertissement, toutes les fois que la voie ne lui paraît pas complétement libre.

Aux abords de tous les points où le train doit franchir des aiguilles se présentant par la pointe, le mécanicien doit prendre ses mesures et s'arrêter au besoin, s'il aperçoit un signal d'arrêt, ou s'il reconnaît, le jour, d'après la disposition du disque d'aiguilles, la nuit, d'après la couleur du feu qui surmonte ce disque, que la voie utile n'est pas bien donnée.

Lorsqu'un mécanicien a devant lui un train en marche sur la même voie, alors même que la voie ne serait pas couverte par les signaux, il doit se tenir à une distance de 1,000 mètres au moins de ce train, et ralentir lorsqu'il le perd de vue dans les tranchées ou dans les souterrains.

Lorsque le train qui est en avant est arrêté ou marche très-lentement, le mécanicien ne doit s'en approcher qu'autant qu'il lui a été prescrit de le faire, ou qu'il en reçoit la demande du chef de train.

Lorsqu'une machine est attelée à un train tender en avant, la vitesse ne doit pas dépasser 40 kilomètres à l'heure. Cette prescription ne s'applique pas au cas où deux machines étant attelées en tête d'un train, la seconde machine seule se trouve marcher tender en avant.

Dans les cas spéciaux où un train est poussé par une machine placée à l'arrière, la vitesse de marche ne doit pas dépasser 25 kilomètres à l'heure.

Dès qu'un mécanicien aperçoit un signal d'arrêt, il doit employer immédiatement tous les moyens à sa disposition pour arrêter son train, autant que possible, avant le signal.

L'exécution de cet ordre ne comporte aucune hésitation, aucune interprétation. En conséquence, le mécanicien, aussitôt qu'il aperçoit le signal d'arrêt, doit fermer le régulateur, donner l'ordre au chauffeur de serrer le frein du tender, et faire aux conducteurs, au moyen du sifflet, le signal pour qu'ils serrent leurs freins. Au besoin même, il doit faire contre-vapeur.

Le mécanicien qui entend sonner la cloche du tender ou qui aperçoit un signal d'arrêt fait par un conducteur doit arrêter immédiatement.

A toute explosion de pétards, le mécanicien doit, comme dans les cas précédents, arrêter le plus promptement possible son train.

L'arrêt obtenu, s'il ne voit devant lui aucun obstacle, il doit faire desserrer les freins et se remettre en marche, en avançant avec la plus grande prudence, à une vitesse qui ne doit pas dépasser 8 kilom. à l'heure, et qui doit, au besoin, être réduite de telle sorte que le train puisse toujours être arrêté dans l'étendue de voie qui paraît libre en avant.

Si, après avoir parcouru 1,500 mètres dans ces conditions, le mécanicien ne voit aucun obstacle devant lui, il peut reprendre sa vitesse normale, en observant avec un redoublement d'attention la voie en avant et les signaux qu'on pourrait lui faire.

Lorsqu'il aperçoit un sémaphore présentant le signal vert de ralentissement, il doit en conclure que l'intervalle qui le sépare du train le précédant dans le même sens est de plus de dix minutes et de moins de vingt dans les circonstances ordinaires, ou de moins de quinze si ce dernier train est de marche plus rapide que la sienne. Il doit, en conséquence, régler sa marche de manière à ne pas trouver à l'arrêt, autant que possible, le sémaphore du poste suivant.

Dans tous les cas, le retard que le signal de ralentissement indique dans le passage du train précédent pouvant être attribué à un dérangement ou à une diminution de vitesse de ce train, le mécanicien du second train doit redoubler d'attention et marcher avec prudence, jusqu'à ce qu'il rencontre un sémaphore donnant le signal de voie libre.

Les signaux de ralentissements faits à la main, sur la voie, en dehors des gares, indiquent toujours qu'il y a lieu de ralentir la marche du train par suite de l'état de la voie.

Lorsqu'il n'a pas été donné d'instructions spéciales le mécanicien doit interpréter ces signaux dans ce sens qu'il y a lieu de réduire la vitesse de marche de manière à ne pas dépasser les limites ci-après :

Trains express, omnibus ou mixtes.... 30 kilom.
Trains de vivres ou de service.... 15 kilom.

Dans ces circonstances, un signal de voie libre, fait à la main, indique le point où la vitesse normale peut être reprise. Ce dernier signal peut être remplacé par un drapeau blanc ou par un feu blanc placé à l'extérieur de la voie.

Tous les trains se dirigeant vers une bifurcation doivent ralentir leur marche, à partir du moment où ils passent devant le signal d'avertissement placé en avant de la bifurcation.

Les mécaniciens demandent ensuite le passage au moyen du sifflet, et ils doivent toujours être en mesure de s'arrêter complétement avant la bifurcation, si le signal d'arrêt que présente en permanence le sémaphore correspondant est maintenu.

Dans chacune des trois directions aboutissant à la bifurcation, un poteau éclairé pendant la nuit indique les points que les trains ne doivent jamais dépasser, tant que le passage ne leur est pas donné, au moyen du ralentissement, par le sémaphore correspondant à la voie qu'ils parcourent.

La vitesse des trains de toute nature, au passage des bifurcations, ne doit pas dépasser celle d'un homme marchant au pas.

### Wagons.

Le matériel roulant se compose d'une série de voitures, fourgons et wagons, etc.

Les voitures à voyageurs sont trop connues pour en parler longuement. Elles sont comme les machines et les wagons montés sur des ressorts de suspension et les roues font corps avec leur essieu. Ces essieux sont graissés à l'huile et le réservoir de graisse ne sert que lorsqu'il y a chauffement. Deux ressorts de traction sont liés par leurs extrémités aux tampons de choc qui amortissent les secousses, les barres d'attelage sont aussi liées au milieu des ressorts, l'une a sa pointe extérieure terminée par un crochet, l'autre barre a son bout formant anneau, à cet anneau sont fixés deux maillons de chaîne au milieu desquels se trouve une vis à double serrement qui rapproche les voitures jusqu'au contact des tampons. Il y a en outre deux chaînes de sûreté de chaque côté de la voiture. Les voitures sont à 3 essieux et à 2 essieux, elles sont en tôle de fer et disposées intérieurement en compartiments perpendiculaires à la voie ou bien en long. Mais celles qui ont une impériale fermée raccourcissent le train et sont plus facilement remorquées par une machine de faible puissance.

Dans les trains express il y a des wagons-poste disposés comme des bureaux.

Puis dans les autres trains viennent les wagons écurie avec traverses et cloisons latérales rembourrées; ils sont généralement à trois compartiments ou stalles où les chevaux sont placés la tête en avant dans le sens de la marche. Cependant on a remarqué que, placés perpendiculairement à la voie, les chevaux fatiguaient moins.

Les fourgons à bagages attelés à la tête et à la queue d'un train sont aussi en tôle et généralement à frein, ils sont lestés au moyen de gueuses en fonte.

Les bracks sont également des fourgons à bagages et ont une partie découverte, ils terminent toujours les trains.

Parmi les wagons, il y en a qui servent pour les terrassements et les secours. Les wagons à ballast sont plats, à petits rebords qui s'abattent et laissent tomber le sable.

Les wagons de raccords sont aussi plats et servent pour le transport des grosses pièces de charpente ou poutres d'une longueur de 26 mètres. Une flèche en bois munie de crochets d'attelage réunit les deux wagons. Les pièces de bois reposent sur les deux wagons sur lesquels elles sont fixées par deux montants à pivot, ce qui permet une flexion latérale dans les courbes.

Les wagons de secours sont chargés d'outils et d'agrès pour le rétablissement de la circulation et réparations de la voie.

Les grues roulantes sont à six roues et montées sur une plateforme en fonte. Une grande masse en fonte roulant sur la plateforme et qu'on éloigne et qu'on rapproche à volonté du bras du levier, sert de contre-poids à la charge à soulever qui peut s'élever jusqu'à 6,000 kilog. Deux manivelles communiquent le mouvement à l'arbre au moyen de roues en fonte à double engrenage. Le bras du levier sur lequel s'enroule la chaîne est incliné pour pouvoir passer sous les travaux d'art et, à cet effet, pivote sur la plate-forme.

Les wagons couverts et fermés sont très-utiles pour les approvisionnements qui ne peuvent être exposés à la pluie, tels que les matières explosibles, poudres et artifices de guerre, etc.

Les wagons à bestiaux sont excellents pour le transport des chevaux.

Ces animaux sont, comme l'indique le projet du règlement, placés perpendiculairement la tête tournée vers l'autre voie ; afin qu'ils ne s'effrayent pas dans les rencontres des trains, les volets sont fermés de ce côté et ouverts de l'autre. Ils doivent être attachés assez court pour qu'en levant la tête ils ne puissent se blesser contre le plafond. Si l'on reconnaît que, par suite de ruades les portes peuvent s'ouvrir ou se disjoindre, on doit les consolider avec les cordes.

Chaque cheval occupant une largeur d'environ 60 centimètres et les wagons mesurant 6ᵐ à 6ᵐ 50ᶜ, il vaut mieux en mettre neuf que sept. Car, serrés les uns contre les autres, ils sont moins cahotés et se soutiennent mutuellement.

Si à défaut de ces wagons l'on se trouvait forcé de transporter des chevaux dans des wagons aménagés, découverts et à parois à claires voies, il serait préférable de placer les bêtes la croupe tournée vers l'autre voie.

Les wagons à houille ouverts par le côté sont commodes pour les pièces d'artillerie démontées.

Lorsqu'il y a nécessité, tous les wagons peuvent être aménagés pour le transport des troupes.

Les wagons plats et trucs à équipages servent particulièrement pour le transport des voitures, haquets, prolonges, paille, fourrage et autres chargements encombrants. Sur les deux côtés sont disposées deux cordes ou prolonges avec lesquelles l'on assujettit le chargement en biliant ou tordant les cordes au moyen d'un morceau de bois, comme par exemple un manche de pioche.

Lorsqu'on charge sur ces wagons des haquets à nacelle ou à chevalets de ponts sans timon ou tont autre matériel dépassant 6 mètres de longueur, le wagon transporteur doit être placé entre deux wagons plats et vides ou seulement chargés au milieu, de manière à éviter les chocs et les avaries.

Quand c'est un chargement de foin pressé, les bottes doivent être attachées par les cercles en fer les unes avec les autres, ensuite couvertes avec deux bâches. Il en est de même pour les chargements de paille.

Avant d'expédier les wagons chargés de matières encombrantes, ils doivent être passés sous le gabarit qui a les dimensions de la voie et des ouvrages d'art.

Tous les wagons portent les initiales de la compagnie propriétaire, la lettre du type, le numéro de la série, plus une plaque indiquant en nombre de kilog., et d'après la force des essieux et des ressorts de suspension, la tare du véhicule et le poids du chargement.

Il n'est pas prudent de dépasser plus de 500 kilog. le poids du chargement qui, selon les wagons, varie entre 5,000 et 10,000 kilog.

Arrêter instantanément un train lancé à grande vitesse, c'est chercher un choc qui équivaut à un effort exercé en sens contraire égal à la force d'impulsion du train.

### Freins.

On a vu que, pour obtenir un arrêt presque immédiat ou bien dans les pentes ralentir le mouvement très-rapide imprimé par la pesanteur, il ne suffisait pas seulement de supprimer l'action du moteur ou de le faire agir en arrière en faisant contre-vapeur, mais qu'il restait la vitesse acquise qu'il est dangereux d'amortir sur un seul point du train.

Au moyen de freins analogues à ceux des voitures on est parvenu à empêcher ou à modérer le frottement de rotation. Ces freins, manœuvrés par des hommes placés dans une vigie ou guérite, transmettent un mouvement de pression des sabots en bois ou en fer contre la jante des roues et alors les roues ne font plus que glisser sur les rails.

Il y a plusieurs systèmes de freins à levier et à vis trop longs à décrire, mais celui qu'on ne peut passer sous silence est le frein électrique : des boîtes à pile placées dans le fourgon du chef de train établissent un courant entre les deux extrémités du train au moyen de crochets de suspension et de câbles d'attelage. Tous les conducteurs se trouvent en communication par une sonnerie que fait fonctionner leur chef lorsque, dans les circonstances ordinaires, il s'agit d'éveiller leur attention, mais quand il se produit un fait de nature à motiver un arrêt immédiat, l'employé fait le signal d'arrêt avec son drapeau ou sa lanterne et fait seulement alors le serrage électrique complet par le calage des roues.

Le conducteur-chef peut régler à volonté la pression et n'obtenir qu'un ralentissement.

Lors des ruptures d'attelage, les appareils fonctionnent automatiquement.

Des appels peuvent aussi être faits au moyen de commutateurs placés dans les voitures de voyageurs.

### Composition des trains.

Les trains se classent d'après leur emploi et leur vitesse en :
Trains de voyageurs;
Trains mixtes;
Trains de marchandises et trains de service pour les travaux.

L'article 9 du projet du règlement indique la composition d'un train d'infanterie, il reste à la compléter pour ce qui concerne le service de la traction et de l'exploitation.

### Trains de voyageurs.

Les trains de voyageurs sont généralement composés de 24 voitures, excepté pour les trains affectés exclusivement à des transports de troupe, lesquels peuvent se composer de 35 à 40.

Les véhicules munis de ressorts de choc et de traction peuvent seuls être admis dans les trains de voyageurs. Toutefois, des wagons à traction rigide et à tampons secs peuvent être attelés accidentellement aux trains de voyageurs, mais à la condition que chacun de ces wagons se trouve compris entre deux wagons pourvus de ressorts de choc et de traction.

Les wagons de bestiaux transportés par des trains de voyageurs doivent, autant que possible, être placés à l'arrière des voitures à voyageurs.

Les transports des matières explosibles ou inflammables, telles que les poudres, artifices et munitions de guerre, fulminates, fulmi-coton, ne sont jamais effectués par des trains transportant des voyageurs.

Les autres matières telles que les capsules, allumettes chimiques, chlorates, phosphore, éther, collodion, sulfure de carbone, huiles dites essentielles, extraites du pétrole et des schistes bitumineux, huiles qui ont pour caractère d'émettre des vapeurs qui prennent feu au contact d'une allumette enflammée, même lorsque leur température ne dépasse pas 35 degrés centigrades, peuvent être admises dans les trains des voyageurs, mais en séparant les wagons qui contiennent ces matières des voitures portant des voyageurs par trois wagons au moins ne contenant pas de matières facilement inflammables, et en plaçant ces wagons à l'avant ou l'arrière des voitures et séparés de la machine par deux wagons chargés d'autres matières.

Les mêmes précautions doivent être prises pour la paille, foin, pétrole et huiles minérales dans des fûts de bois, mais lorsque ces dernières matières sont chargées dans des wagons couverts à panneaux pleins, ces wagons peuvent occuper dans le train une place quelconque.

Les trains de voyageurs ne doivent être remorqués que par une seule machine placée en tête avec cheminée tournée en avant. Sauf le cas où l'emploi d'une machine de renfort deviendrait nécessaire, soit pour la montée d'une rampe, soit par suite d'affluence extraordinaire de voyageurs et de l'état de l'atmosphère, etc., l'adjonction d'une troisième machine ne doit avoir lieu que dans le cas où un train attelé de deux machines aurait besoin d'être secouru. En dehors des cas de secours, les machines de renfort ne peuvent être attelées en queue.

Il doit y avoir en tête de chaque train entre le tender et la première voiture de voyageurs autant de voitures vides ou fourgons à bagages qu'il y a de machines attelées.

*Tableau indiquant le nombre minimum de freins à placer dans les trains.*

| NATURE DES TRAINS. | VITESSES NORMALES supposées uniformes. | DÉCLIVITÉ DES PENTES OU RAMPES. | NOMBRE DE FREINS. Les machines ne sont pas comprises dans le nombre des véhicules. |
|---|---|---|---|
| TRAINS EXPRESS. . . . | 55 kilom. à l'heure et au-dessus. . . . | Jusqu'à 0$^m$,040. . . . . . . . . . . | 1 frein pour 6 véhicules. |
| TRAINS DIRECTS ET OMNIBUS. . . . . . . . | 44 à 54 kilomètres à l'heure. . . . . . | Jusqu'à 0$^m$,005. . . . . . . . . .<br>Au-dessus de 0$^m$,005 jusqu'à 0$^m$,040<br>Au-dessus de 0$^m$,040 jusqu'à 0$^m$,020. | 1 frein pour 9 véhicules.<br>1   id.   8   id.<br>1   id.   5   id. |
| TRAINS OMNIBUS ORDINAIRES ET TRAINS MIXTES. . . . . . . . | 32 à 40 kilomètres à l'heure. . . . . . | Jusqu'à 0$^m$,005. . . . . . . . . .<br>Au-dessus de 0$^m$,005 jusqu'à 0$^m$,040.<br>Au-dessus de 0$^m$,010 jusqu'à 0$^m$,020. | 1 frein pour 12 véhicules.<br>1   id.   40   id.<br>1   id.   7   id. |
| TRAINS DE MARCHANDISES, avec ou sans voitures de voyageurs. | 54 kilom. à l'heure et au-dessous. . . . . | Jusqu'à 0$^m$,005. . . . . . . . . . .<br>Au-dessus de 0$^m$,005 jusqu'à 0$^m$,040.<br>Au-dessus de 0$^m$,040 jusqu'à 0$^m$,020. | 1 frein pour 30 véhicules.<br>1   id.   20   id.<br>1   id.   8   id. |

Il doit y avoir d'ailleurs, dans chaque train, quelles que soient sa nature et sa composition, au moins deux wagons à frein, montés chacun par un conducteur.

Dans les trains de voyageurs, quelles que soient les pentes ou rampes, le dernier frein doit se trouver sur la dernière voiture.

Dans les autres trains le dernier frein doit se trouver :

Sur les sections à pentes ou rampes ne dépassant pas 5 millimètres, dans l'un des cinq derniers véhicules;

Sur les sections à pentes ou rampes dépassant 5 millimètres jusqu'à dix millimètres, dans l'un des deux derniers véhicules ;

Sur les sections à pentes ou rampes dépassant dix millimètres dans le dernier wagon.

Les wagons à frein doivent toujours être chargés ou lestés. Toutefois, deux wagons vides, pourvus de freins, peuvent remplacer un wagon à frein chargé et lesté.

Pour les trains comprenant du matériel vide, le nombre minimum des freins doit être calculé en comptant deux wagons vides comme un wagon chargé.

Lorsqu'un train de matériel est remorqué sur des sections en rampe par deux machines attelées l'une à l'avant, l'autre à l'arrière, le nombre des freins peut être réduit à deux, quelle que soit la composition du train.

Lorsqu'un train d'approvisionnements est remorqué par deux machines attelées à l'avant, la seconde machine compte pour deux freins.

Trains mixtes.

En règle générale, les trains mixtes, comme les trains de voyageurs, ne sont composés que de 24 voitures. Toutefois, la composition de ces trains dont la vitesse normale supposée uniforme ne dépasse pas 40 kilomètres, peut être portée de 30 à 45 wagons ou voitures.

Trains de vivres.

Les trains de marchandises dans lesquels on admet des hommes sur tout ou partie de leur parcours conservent, au double point de vue de la composition et de la charge, leur caractère spécial de trains de marchandises. Sont donc considérés comme tels les trains transportant des troupes de cavalerie et d'artillerie avec leur matériel et leurs chevaux.

Le nombre de wagons est fixé dans le premier tableau où il est question des rampes.

*Dispositions spéciales extraites du règlement ministériel.*

### Trains de poudres et munitions de guerre.

Les poudres de guerre sont toujours livrées aux chemins de fer dans de doubles barils et les munitions confectionnées sont renfermées dans des caisses ou barils.

Les barils ou caisses sont chargés sur des wagons fermés et couverts à ressorts de choc, attelés au contact. Le plancher doit être recouvert d'un prélart imperméable, de manière à prévenir le tamisage sur la voie.

On doit employer de préférence des wagons sans frein. Dans tous les cas il est interdit de faire usage du frein. Les surfaces des ferrures des axes ou leviers de transmission de mouvement des freins qui pourraient être apparentes dans les wagons, doivent être soigneusement recouvertes d'étoffes ou enveloppées par des manchons en bois.

Les barils sont couchés et non placés debout sur l'un des fonds, ce qui pourrait amener le défonçage du baril.

A moins de décision spéciale, la charge d'un wagon, y compris les fûts, est limitée à 5,000 kilog. La largeur d'un wagon étant supérieure à $2^m,25^c$, on dispose trois rangées longitudinales de chapes placées bout à bout.

Le poids brut d'une expédition ne doit pas dépasser la charge de dix wagons, soit 50,000 kilogr., ou 35 barils de 100 kilog. de poudre par wagon.

Les gros projectiles chargés avec la fusée percutante sont placés debout sur leur culot en une seule rangée. Ils doivent être bien serrés et calés les uns contre les autres.

Les wagons chargés de poudres et de munitions sont placés à l'extrémité opposée à la machine. Ils sont toujours suivis de trois wagons au moins non chargés de poudres et de munitions qui forment la queue du train.

Cependant, dans certaines circonstances, les trains contenant de ces wagons chargés de matières explosibles peuvent être remorqués par deux machines placées l'une à l'avant, l'autre à l'arrière.

En temps de paix, toute livraison excédant 500 kilog., poids brut, doit être escortée. L'escorte est toujours composée de deux gendarmes ou, à défaut, de deux soldats, dont l'un doit être un caporal ou un brigadier.

L'escorte prend place avec les conducteurs du train. Il lui est formellement interdit, ainsi qu'aux agents du train, de monter, pendant le trajet, sur les wagons chargés de poudres.

Les wagons dont il s'agit sont marqués des deux côtés de la caisse au moyen d'une étiquette sur papier rouge portant l'indication : Matières inflammables. — 1re catégorie.

Des mesures de précautions spéciales sont prises pour la manœuvre de ces wagons à la machine dans les gares. Ces manœuvres ne peuvent s'effectuer qu'à la vitesse d'un homme marchant au pas.

### Trains de reconnaissance et de réparation de la voie.

La formation de cette sorte de trains ne peut avoir lieu qu'en pays ennemi ; elle demande, lorsqu'il est nécessaire, le concours des troupes pour assurer l'occupation et pour protéger les travaux.

Le train est précédé d'une avant-garde et de flanqueurs à une distance variable selon la configuration du terrain et les probabilités d'une rencontre offensive ou défensive. Les règles sur l'instruction des tirailleurs peuvent, dans ces circonstances, trouver judicieusement leur application et dispensent d'entrer dans des considérations.

A un kilomètre en avant du train, un lorry ou wagonnet,

poussé par quelques hommes, parcourt la voie jusqu'à ce qu'un dérangement quelconque ne permette plus au train d'avancer sans danger.

Un homme porteur, le jour d'un drapeau rouge, la nuit d'une lanterne à couleur rouge, donne alors le signal d'arrêt au train.

Le train marche poussé par la machine placée à l'arrière ; il se compose de 30 wagons plats ou de terrassement et de 6 voitures pour les travailleurs et les outils.

La vitesse ne doit pas dépasser celle d'un homme marchant au pas.

Le premier véhicule se compose de la grue roulante soulevant un poids de 6,000 kilog. Les deux ou quatre wagons qui suivent immédiatement doivent être chargés de poutres équarries sur la face qui doit recevoir les rails. Ces pièces de charpente doivent être de plusieurs longueurs, suivant la largeur de la travée des ponts ou viaducs à rétablir. Leur épaisseur doit être en relation avec l'écartement des points d'appui qui doivent les soutenir, afin qu'elles puissent résister à la pression maximum d'une locomotive exercée au milieu de la longueur.

Les rails peuvent y être assujettis d'avance.

En supposant un petit pont détruit : l'arbre de la grue qui pivote sous son axe soulève la poutre placée sur le wagon voisin, puis par une conversion, un bout de cette pièce de bois vient s'appuyer de l'autre côté de l'obstacle, l'autre bout est maintenu par une corde passée dans la roue du wagon ; cette corde enroulée dans la roue qui fait cabestan et contre-poids évite les déviations. Le mouvement d'un pont-levis serait le même s'il était horizontal.

En quelques minutes un petit pont peut être ainsi rétabli.

Le wagon qui vient ensuite doit être chargé de mortier et de sacs de ciment et de plâtre.

Le suivant contient des tonneaux remplis d'eau pour la maçonnerie. Il est suivi par un autre chargé de pierres et d'outils de maçon.

Viennent ensuite 8 wagons chargés de traverses sabotées pour les lignes dont les rails sont à patins, ou bien avec des coussinets assujettis pour les rails à champignon double.

Suivent après 8 wagons chargés de rails, autant que possible, du même type que ceux de la voie à réparer.

Les autres wagons sont chargés d'outils de poseur et de terrassier, tels que : coussinets, plaques de joints, vis et écrous, chevillettes en fer, clefs anglaises, marteaux et ciseaux, leviers et masses, gabarits pour placer les rails, niveau de maçon, brouettes, pelles et pioches, etc.,

Enfin les voitures des travailleurs et la machine.

Si l'on peut y joindre un ou deux chevaux pour traîner des matériaux à la bricole, ces animaux doivent suivre à 500 mètres en arrière de la machine.

L'indication pratique avec exemples et croquis pour le rétablissement d'une voie détruite devant faire l'objet d'un travail séparé, il n'est fait ici aucune mention de la restauration d'une ligne. Pour le moment, on peut dire d'avance que cent travailleurs peuvent rétablir 200 mètres de ligne courante par heure, mais non de voie qui suppose quatre lignes, pourvu qu'un train amène le matériel nécessaire jusqu'au point à réparer.

### Charges des trains.

Pour établir la composition des trains dans les limites des charges que peuvent remorquer les machines, en dehors de leur type, des rampes de la voie et de l'état atmosphérique, on procède d'après les données ci-après.

### Véhicules vides.

Les poids à compter pour les véhicules vides, dans les trains de toute nature, sont les suivants :

| | | |
|---|---|---|
| Voitures, fourgons à bagages, bureaux de postes, à trois essieux. | 8 | tonnes. |
| Mêmes véhicules, à deux essieux. | 7 | id. |
| Bracks, écuries, trucs. | 5 | id. |
| Wagons à marchandises de toute nature, à houille et à ballast. | 5 | id. |
| Une machine froide et son tender vides d'eau et de combustible. | 50 | id. |

Une machine froide et son tender chargés d'eau et de combustible. 60 tonnes.
Machine seule vide. . . . . . . . . . . . . . . . . . . . . . . . . 35   id.
Tender seul vide. . . . . . . . . . . . . . . . . . . . . . . . . 45   id.

### Chargement ou tonnage utile.

Les poids à compter pour le tonnage utile des transports d'infanterie, chargement complet, sont :

Voitures de 1re classe à trois compartiments de 8 places, 24 officiers avec armement du poids moyen de 70 kil. 1,680, rond. . . . . . .   2 tonnes.

Voitures de 2e classe à quatre compartiments de 10 places, 40 officiers avec armes, (poids moyen, 70 kil.), 2,800, rond. . . .   3   id.

Voitures de 3e classe à cinq compartiments de 10 places, 40 sous-officiers ou soldats avec bagages et campement (deux places étant réservées pour les armes et les sacs) du poids moyen de 100 kil., 4,000, rond.. . . . . . . . . . . . . . . . . . .   4   id.

Fourgons à bagages des officiers et autres.. . . . . . . . . . .   4   id.

Bracks, écuries, trucs à voitures chargés (poids moyen). . . . .   3   id.

Wagons chargés de huit chevaux chacun avec harnais et deux gardes d'écurie (poids moyen). . . . . . . . . . . . . . . .   5   id.

Les rapports du poids utile au poids mort sont en chiffres arrondis, calculés largement :

$$\text{Voitures de 1re classe} \quad \frac{2,000}{8,000} = 0,25.$$

$$\text{Voitures de 2e classe} \quad \frac{3,000}{8,000} = 0,375.$$

$$\text{Voitures de 3e classe} \quad \frac{4,000}{8,000} = 0,50.$$

$$\text{Fourgons à bagages} \quad \frac{4,000}{5,000} = 0,80.$$

$$\text{Écuries et trucs à voitures} \quad \frac{3,000}{5,000} = 0,60.$$

$$\text{Wagons de chevaux} \quad \frac{5,000}{5,000} = 1,000.$$

Le tonnage utile à compter pour chaque wagon chargé de vivres, d'artillerie démontée, d'effets ou tout autre matériel de guerre est celui du chargement effectif indiqué par la feuille de chargement, en négligeant pour chaque wagon les fractions de tonne.

Le tonnage utile des wagons transportant des bœufs et des moutons, quelle que soit la charge, est compté pour 4 tonnes.

Les chiffres arrondis de cette manière dispensent de calculer les divers frottements, mais les rampes et l'état de l'atmosphère restent toujours en dehors.

### *Tonnage brut.*

Le tonnage brut qui est la véritable charge à attribuer à la machine s'obtient en additionnant le poids des véhicules vides avec le tonnage utile.

#### Comparaison du transport des chemins de fer avec celui des équipages militaires.

Au point de vue du transport en lui-même les chemins de fer sont inférieurs aux transports des équipages militaires sur les routes ordinaires.

En comparant les premiers avec deux poids extrêmes du matériel roulant du génie, les rapports sont :

$$\text{Prolonge à caisse} \begin{cases} \text{La charge est de.} \ldots \ldots 1,200 \text{ kil.} \\ \text{Le poids de la voiture vide.} \quad 900 \end{cases} = 1,333 \text{ pour rapport.}$$

$$\text{Fourragère.} \begin{cases} \text{Poids de la voiture vide.} \ . \ 1,050 \\ \text{Chargement.} \ldots \ldots \ 400 \end{cases} = 0,262 \quad \text{id.}$$

Enfin dans l'ensemble du matériel du génie, les onze types de voitures qui le composent, tels que prolonges, haquets à nacelle et à chevalets de ponts, forges, etc., on trouve qu'ils pèsent $\ldots \ldots \ldots \ldots \ldots 10{,}350$ et transportent un chargement $\dfrac{}{10{,}010} = 1{,}00$ rapport général, suivant les chiffres des poids indiqués au tableau de l'appendice B du projet de règlement sur le transport des troupes.

*Écritures des trains.*

Tout train mis en circulation donne lieu à l'établissement des pièces suivantes :

1° Un journal de train qui est le rapport du chef de train. Ce journal indique la nature, la date et le numéro du train, les nom et prénoms du conducteur-chef et des conducteurs serre-freins, le parcours kilométrique du train, l'heure effective du départ, les noms des gares où le train doit s'arrêter, les heures d'arrivée et de départ et la durée des stationnements. Si le train doit circuler sur une ligne à voie unique, on doit y mentionner en regard des gares de croisement les numéros des trains de toute nature que le train doit ou peut croiser. On doit inscrire les détails relatifs à l'itinéraire du train, les causes les plus ordinaires de retards provenant directement du fait du mécanicien ou de la machine, telles que : lenteur de marche, patinage, avaries de machine, arrêts ou ralentissements imprévus, pertes de temps aux prises d'eau (minimum du stationnement : 5 minutes pour les trains de troupe, 6 minutes pour les trains de vivres et matériel), impuissance de la machine dans les manœuvres, graissage et entretien de la machine ; les autres retards imputables à des causes diverses : chauffage des boîtes à graisse des essieux, garages imprévus pour laisser passer d'autres trains, attente de trains correspondants, arrêts et ralentissements occasionnés par les travaux de la voie ; les retards exceptionnels, comme les ouragans, les neiges abondantes, les brouillards très-épais.

Ce journal doit rendre compte des avaries survenues au matériel et aux agrès, en cas de détresse ou d'accident ayant atteint des personnes ou n'ayant entraîné qu'un déraillement et dérangement de service, des mesures prises pour assurer la sécurité du train, donner ou réclamer les secours nécessaires et rétablir la circulation momentanément interrompue.

2° Un bordereau de remise de véhicules, pour chacune des

gares où le train prend des wagons. Le bordereau indique les noms des compagnies propriétaires, les lettres de série et les numéros des véhicules, leur tonnage utile et brut, leur destination et les gares où ils doivent être retirés du train.

Autant que possible les véhicules doivent être classés par destination intermédiaire et attelés au train dans le même ordre.

3° Une feuille de mouvement du matériel, unique pour tout le parcours. Cette feuille indique également le numéro du train, sa nature, sa date et l'heure réelle du départ. Le conducteur chef inscrit ensuite les différents trajets effectués par les machines attelées au train, les noms des mécaniciens et chauffeurs, les numéros des machines et tenders et leur parcours kilométrique, soit comme titulaires, soit comme renfort, soit en détresse, en feu ou froides.

A chaque gare où il est pris ou laissé des wagons, le chef de train inscrit le nombre de véhicules et le tonnage brut pris, laissé et restant. A cet effet, il fait une balance de l'augmentation et de la diminution du poids total du train.

4° Un bulletin de mise en tête, pour chaque machine coopérant à la traction du train, en en exceptant les machines de secours en cas de détresse.

L'indication de la charge maxima à donner au train est portée sur ce bulletin de mise en tête. On y relate aussi le nom du mécanicien et du chauffeur.

5° Un bulletin de traction, pour chaque relais de machine. Toutes les indications à porter sur ce bulletin, relativement à la marche du train, à sa composition, à sa charge, aux retards et aux manœuvres de route ne sont que la reproduction ou le résumé de celles inscrites sur le journal du train ou sur la feuille du mouvement du matériel.

Ces pièces fournissant exclusivement les éléments de la statistique des parcours, doivent être établies avec le plus grand soin. Elles sont d'une absolue nécessité pour la répartition du matériel ou sa réunion en un point déterminé pour assurer un mouvement de troupe.

On ne peut que répéter que pour l'emploi du chemin de fer en campagne, il faut que la combinaison de l'opération soit réfléchie, étudiée dans toutes ses parties, mais aussi, il faut que l'exécution en soit rapide, prompte et sans la moindre hésitation. Cet élément ne peut donc être efficace que par l'activité et l'ordre. Il en faut toujours et toujours et beaucoup plus que par le passé.

---

## CHAPITRE DEUXIÈME.

### MATÉRIEL FIXE.

#### La voie.

M. A. Guillemin dit, dans son ouvrage les *Chemins de fer*, auquel nous faisons des emprunts, qu'on peut écrire un gros livre sur toutes les choses qu'on voit en chemin de fer.

En effet, s'il fallait tout détailler, donner les raisons pourquoi les différentes directions dans l'établissement des lignes ferrées, un fort volume ne suffirait pas. En se bornant à l'idée générale, c'est rester dans la limite tracée qui, insensiblement, ne fait que s'agrandir.

#### Son tracé.

Le cours sinueux des fleuves étant déterminé par les montagnes ou par les ondulations et la longueur des vallées, les ingénieurs ont dû se conformer pour le tracé des chemins de fer aux lois de nature qui ont présidé à la construction des routes, ainsi qu'à l'établissement des camps d'abord, des bourgs et ensuite des villes. Dans les premiers chemins de fer la direction du tracé était aussi rectiligne que possible, la voie était construite avec des pentes ne dépassant pas $5^{mm}$ par mètre. Mais dans le but de diminuer les dimensions des terrassements ou des ouvrages d'art et par suite les frais de construction, ces règles ont été dépassées de beaucoup. On a admis une succession de rampes, paliers et pentes et les inclinaisons ont pris de grandes proportions dans les pays de montagnes, où elles mesurent jusqu'à 40$^{mm}$. C'est aussi dans ces contrées qu'ont été tracées les plus fortes courbes, minimum 300 mètres de rayon. On a déjà vu, lorsqu'on dépasse certaines limites d'inclinaison et de courbure, les résistances qu'éprouve la machine et la puissance qu'elle doit posséder pour les surmonter.

Tunnels.

Les tranchées avec ou sans mur de soutènement, les remblais par compensation ou par voie d'emprunt, leur revêtement en pierres sèches, gazonnages, sont connus de tout le monde pour en dire long. Seulement, lorsque dans le profil la hauteur à franchir exige une forte rampe ou qu'une tranchée à ciel ouvert est impossible ou trop coûteuse, que sa longueur dépasse un kilom., on perce alors un souterrain ou tunnel.

On commence par indiquer la direction extérieure avec des jalons, pris de 400 en 400 mètres, on creuse des puits qui descendent jusqu'au niveau de la voie et à quelques mètres de l'axe du tunnel où ils aboutissent par des galeries transversales. Ces puits ainsi que les galeries sont maçonnés à l'intérieur et leur fonction est de déterminer un courant d'air indispensable à l'aération du tunnel. Ils servent également à abriter les cantonniers lors du passage des trains, et pendant les travaux, ils sont utilisés, au moyen de manéges et de treuils, à l'extraction des déblais. Suivant la dureté du terrain, le tunnel reste nu lorsque c'est du rocher; il est recouvert d'un revêtement en maçonnerie lorsque le sol n'est pas consistant; enfin si le terrain est mou, il est maçonné, étayé avec blindage de puits.

Le percement qui s'opère dans d'autres conditions est celui du tunnel du Mont-Cenis, qui atteindra la longueur de 12,230 mètres. Le travail se fait au moyen de machines à air comprimé. Un chariot en fonte se mouvant sur des rails est muni de fleurets pour percer les trous de mine ; ces fleurets sont disposés de telle sorte qu'ils peuvent prendre plusieurs mouvements. Des tuyaux en caoutchouc relient le chariot à des tuyaux en fonte contenant l'air ; la force élastique agissant sur les pistons des cylindres munis de tiroirs, l'appareil reçoit un mouvement de va-et-vient. L'air au sortir des cylindres se répand dans le tunnel, renouvelle l'air vicié et entraîne dehors la fumée de la poudre de mines.

Le tunnel le plus long après celui des Alpes, est celui du mont Sauvage entre Roanne et Tarare, 6.000 mètres. Son altitude au-dessus du niveau de la mer est de 560ᵐ,66ᵐᵐ et la rampe qu'il faut franchir est de 26ᵐᵐ.

### Ponts.

Les ponts en bois sont rares en Europe, mais communs en Amérique ; ce qui explique la promptitude avec laquelle ils ont été détruits et réparés pendant la guerre de Sécession.

### Ponts à treillis allemands.

Les ponts tubulaires mécaniques sont de deux sortes :

En enlevant à un pont suspendu, dit plus communément pont en fil de fer, le câble de suspension, on peut se faire une idée assez exacte d'un pont à treillis d'un usage général en Allemagne. Une poutre en fer, dont les deux bouts reposent soit sur des culées soit sur des piles, forme l'assise du tablier. A une hauteur qui s'accroît en proportion de la longueur de la travée, une autre pièce de charpente en fer, d'une plus faible dimension que la première, s'appuie également sur les pilastres en fonte qui surmontent les culées et les piles.

Ces deux poutres sont reliées par un système de barres de suspension, croisillons et boulons en fer. Des traversines sont assujetties sur la poutre inférieure, et, à leur tour, elles soutiennent des longrines avec leurs rails. Ce pont a la forme d'un tube rectangulaire. Il y a deux tubes quand le chemin est à double voie.

Le pont de Kehl appartient à ce modèle. Deux ponts tournants en fonte, que peuvent faire mouvoir quatre hommes, adhèrent aux culées et permettent d'interrompre la circulation sur chaque rive du Rhin. Ce pont, comme celui sur l'Aar en Suisse, qui mesure 160 mètres, sert au passage des piétons et des voitures.

L'autre espèce de ponts tubulaires ne diffère de celui à treillis que par les parois, qui sont formées d'une suite de feuilles de tôle rivées.

Celui de Mâcon est remarquable par ses proportions et par le procédé de construction des piles au moyen de l'air comprimé.

Quoique la Saône paraisse un des plus paisibles cours d'eau navigables de France, que les anciens désignaient sous le nom euphonique d'Arar, dans la langue celtique, la très-lente rivière ; quoique César ait dit dans ses commentaires, L. I. : *Flumen est Arar, quod per fines œduorum et Sequanorum in Rhodanum influit, incredibili lenitate, ita ut oculis in intram partem, judicari non possit* ; bien que Sénèque, le rhéteur, ait dit quelques années plus tard : « l'Arar qui ne sait de quel côté il dirigera son cours » ; quand les ingénieurs ont fait construire ce pont, ils n'ont pu oublier que l'année précédente un pareil pont s'était écroulé sur la même rivière à Lyon par suite d'affouillements des eaux ; par conséquent, ils n'ont dû accorder qu'une confiance relative à l'humeur pacifique de la Saône si clémente aux mariniers et tant vantée par les écrivains de l'antiquité.

Pour donner aux fondations des piles une base solide sur le sol mouvant de la rivière, voici les procédés de construction qui ont été employés.

Trois caissons en tôle, ouverts à la partie inférieure, et surmontés chacun d'une cheminée ont été descendus jusqu'au fond de la rivière. Au moyen d'une machine foulante à vapeur de trois atmosphères, l'eau a été refoulée de l'intérieur de ces caissons par la pression de l'air comprimé agissant par les cheminées latérales ; la cheminée du milieu, qui arrivait jusqu'au sable également, est restée pleine d'eau et a servi à remonter le gravier à l'aide d'une drague. Les godets ont été remplis par des hommes descendus dans les caissons. Des coffres en fonte solidement rattachés sur le plafond des caissons ont été remplis de béton au fur et à mesure que ceux-ci descendaient sous le poids de cette maçonnerie. Parvenus à dix mètres au-dessous du lit, les caissons et les cheminées ont été, à leur tour, remplis de béton. Trois colonnes creuses en fonte également remplies de béton ont été élevées sur les caissons et ont ainsi formé une pile. Elles ont été rattachées entre elles par quatre cadres avec traverses en forme de croix de Saint-André.

La hauteur de ces colonnes a été fixée à 11 mètres au-dessus de l'étiage, c'est-à-dire 3 mètres au-dessus des plus grandes eaux connues, celles de 1840.

Ces colonnes ont été surmontées de 6 anneaux formant deux parties de charnière. Quatre piles à trois colonnes ont été construites avec les mêmes dimensions et par les mêmes procédés et ont été espacées de 45 mètres. Afin de les garantir des chocs des bateaux et des glaçons, elles ont été entourées d'une forte charpente en bois en forme de cage. La pointe ou éperon en amont a été bardée de fer.

Les culées ont été construites en pierres de taille et espacées de 45 mètres des piles extrêmes. Trois caissons en fonte ont été placés sur les culées pour servir d'assise au tablier dont voici le mode de construction :

Deux feuilles de tôle de 2 millimètres d'épaisseur, 1 mètre de longueur et 0,60 centimètres de largeur ont été rivées l'une sur l'autre ; deux autres feuilles ayant les mêmes proportions ont été réunies à la suite des premières par des morceaux de tôle rivés par-dessus et par-dessous des abouts. Une bande de 2 mètres a été ainsi obtenue. En assujettissant 45 feuilles on a eu une longue bande égale à la largeur de la travée.

Cette bande a été posée à plat sur le caisson de la culée et sur le sommet de la colonne ; aux deux bouts de la bande deux anneaux en fer ont été fixés de manière qu'en formant charnière ils ont pu s'adapter aux parties de charnière des culées et colonnes où elles ont été réunies et maintenues par deux fortes clavettes en fer. En disposant trois bandes de 45 mètres on a eu ainsi l'assise du tablier d'une travée.

Les parois du pont ont été formées d'une suite de feuilles de tôle de 4 mètres de hauteur placées verticalement sur les bandes ou assises. La partie inférieure de ces feuilles a été assujettie à la bande par des morceaux de tôle disposés en équerre, tandis que la partie supérieure des parois a été terminée dans toute sa longueur par un rebord ou bourrelet. Des rubans de tôle ont été cloués de chaque côté des joints des feuilles verticales.

Le chemin étant à double voie, il y avait trois parois ou deux tubes à rattacher ensemble.

Pour que la résistance à la charge ait pu être répartie sur plusieurs points, 15 traversines de 40 centimètres de largeur, disposées sur champ, ont été fixées au tiers de la hauteur des parois et les ont rattachées. Cinq de ces longrines ont eu un second point d'appui sur la bande même. La troisième paroi a été reliée à celle du milieu par le même nombre de traversines. Enfin deux bandes de tôle disposées toujours sur champ ont été placées dans le sens de la longueur du pont immédiatement au-dessous des longrines en bois qui supportent les rails. Le parallélisme des longrines a été obtenu par le moyen de deux boulons dont les tiges à vis ont été tournées l'une vers l'autre et rapprochées par un écrou à double serrement. Avec plusieurs boulons l'écartement de la voie de $1^m$ $443^{mm}$ s'est trouvé uniforme.

Un léger plancher de bois couvre le fond des tubes sur lequel il n'a été répandu qu'un peu de gravier au milieu de la voie pour éviter les incendies.

Toutes ces feuilles de tôle enchevêtrées ont été assemblées sur place.

En résumé, le pont est formé de 5 travées de 45 mètres de largeur, et sa longueur totale est de 225 mètres; sa largeur est de 10 mètres. A l'épreuve de réception, le pont a supporté, sans fléchir de plus de $5^{mm}$ et sur tous les points à la fois, la charge de 8,000 kilog. par mètre courant.

Ponts en pierre ou en fer.

Généralement les ponts des chemins de fer sont en pierres ou bien mixtes, c'est-à-dire piles et culées en pierre, et tablier en fer ou fonte.

Les ponceaux sont aussi construits en pierres et fonte.

Beaucoup de ponts en France ont des dispositifs de mines.

### Viaducs.

Les viaducs ne sont autre chose que des ponts élevés pour réunir deux sommités lorsque les remblais ne sont pas assez consistants ou que leur construction est trop coûteuse.

### Ballast.

Le nivellement et le tassement des terres opérés, on donne à la voie une légère inclinaison de chaque côté jusqu'aux fossés qui reçoivent l'eau pluviale qui s'écoule à travers le ballast.

Pour préserver les travaux d'art de la trépidation des trains, pour faire échapper les rails à l'action écrasante des locomotives, pour faciliter la traction et protéger les traverses de la pourriture, on recouvre la voie d'une couche de ballast, sable pas trop fin, pierres concassées, briques pilées, menue houille, etc., toutes matières perméables qui donnent de l'élasticité à la voie et l'entretiennent en état de sécheresse.

La première couche de ballast damée ou pilonnée est généralement de 20 à 30 centimètres; elle est plus épaisse dans les terrains humides. Sur cette couche sont placées les traverses de chêne, hêtre, etc., perpendiculairement à l'axe de la voie. Ces traverses offrent l'avantage d'adoucir le roulement des voitures sans imprimer une ondulation à la ligne, et surtout de maintenir le parallélisme des rails. Après la pose de ceux-ci, une deuxième couche de ballast de 20 à 30 centimètres recouvre les traverses.

### Traverses.

Les traverses sont équarries et ne contiennent pas d'aubier; elles sont préalablement injectées d'une solution de sulfate de cuivre, etc., qui, en pénétrant dans l'intérieur des fibres, les préserve plus ou moins de la décomposition. Leurs dimensions, qui étaient de 15 à 20 centimètres d'épaisseur et de 30 à 35 centimètres de largeur, ne sont plus sur les nouvelles lignes que de 10 centimètres d'épaisseur et 15 centimètres de largeur ; la longueur est restée la même, 2$^m$ 70.

Le nombre de traverses varie selon la forme et la longueur du rail. Pour les rails à patin qui mesurent 6 mètres, il faut 6 traverses espacées l'une de l'autre de 90 centimètres ; les deux bouts des rails dépassent de 30 centimètres et sont réunis avec ceux voisins par des éclisses à quatre boulons.

Quand les rails sont à double champignon et à coussinets, le nombre de traverses est de quatre. Les deux sur lesquelles reposent les abouts des rails sont de plus forte dimension. Lorsqu'il n'y a pas de coussinet spécial, les rails sont réunis par des éclisses à cinq boulons.

Chaque coussinet est fixé d'avance dans une entaille faite dans la traverse à une distance égale à l'écartement de la voie et avec une inclinaison vers le milieu de la voie.

En Allemagne, les traverses sont en sapin. En Amérique, les rails sont posés sur des longrines de bois disposées dans le sens de la voie.

### Rails.

De l'accroissement dans le nombre des marchandises et des voyageurs transportés est résulté un accroissement de force, de vitesse, de pesanteur et de transformation continuelle de la locomotive. Du poids de 4 tonnes, les machines finirent par atteindre celui de 63 tonnes. Par suite les matériaux employés subissaient une action destructive trop prompte, les bandages en fer des roues s'écrasaient sous le poids de la machine. Lorsque ces bandages furent fabriqués en acier, ce furent alors les rails qui ne présentèrent plus de résistance assez forte à l'écrasement.

A l'origine, les rails pesaient de 13 à 17 kilog. par mètre courant, actuellement leur poids varie de 30 à 37 kilog. Leur forme a été aussi changée ; cependant les anciens types sont encore en service sur beaucoup de lignes de second ordre, où la circulation n'est pas active. Le premier rail en fer était sans homogénéité, et les machines en passant dessus le réduisaient en un paquet de fibres. La forme adoptée offrait celle d'un champignon et la partie inférieure était terminée par un bourrelet qui s'appuyait sur le fond d'un coussinet en fonte. On pensa qu'en lui donnant une forme symétrique, c'est-à-dire à double champignon, il pourrait être retourné lorsque l'un des deux côtés aurait été usé par le frottement des roues. La substitution du champignon usé à celui de dessous qui ne l'était pas n'a donné que des résultats problématiques. En effet, la partie inférieure du rail reposant sur des coussinets en fonte qui jouent le rôle d'enclumes, il se produit par suite de la compression de la charge sur les points d'appui des brèches dans le rail et dans les coussinets. Ensuite, lorsque le rail est retourné et que le train passe dessus les premières fois, il y a un frottement excessif. Maintenant le champignon renversé, usé et ébréché, détériore à son tour les coussinets. L'économie, qui pour les chemins de fer se traduit en millions, n'étant pas obtenue, on est revenu au rail à champignon simple, mais en lui donnant une autre forme, en le fabriquant en acier, en adoptant un autre mode d'assemblage.

Les nouveaux rails sont en acier Bessemer, très-homogènes et sans fibres ni battitures. Ils sont fondus au creuset en une masse rectangulaire, puis laminés dans les cylindres de deux trains lamineurs à vapeur. La cohésion parfaite de toutes les parties est obtenue, soit par une trempe égale dans toute la longueur, soit par une recuite ou détrempe qui rendent la dureté d'un rail d'un degré uniforme dans toute son étendue. Le carbone est ainsi extrait dans toutes les parties.

Les rails sont ensuite passés au gabarit de dimensions ; la longueur, le profil et le poids sont minutieusement vérifiés. Enfin, les rails fabriqués avec ce métal et par ce procédé offrent une résistance à l'écrasement beaucoup supérieure aux anciens rails.

Après la fabrication, restait l'installation sur les traverses qui, par une distribution bien combinée des points de support, pouvait faire obtenir une élasticité modératrice de la pression et de la destruction. On s'est arrêté à la forme du champignon simple, mais en changeant le champignon inférieur ou bourrelet en une surface plane ou semelle, à laquelle on donna le nom de patin. La semelle percée de trous s'appuie sur les traverses entaillées ou sabotées exprès avec lesquelles elle est fixée, sans l'intermédiaire des coussinets, au moyen de tire-fond en fer, sorte de chevillettes à vis.

En Allemagne on préfère des crampons en fer pour serrer le rail contre les traverses. Dans ce cas, le rail n'a pas besoin d'être percé, et les traverses peuvent être plus ou moins rapprochées.

Le rail à patin, type Vignole, est le plus répandu en France. Il pèse 222 kilogr, mesure 6 mètres de longueur, $125^{mm}$ de hauteur et le champignon $62^{mm}$ de largeur.

On sait que la ténacité ne varie pas seulement d'une substance à une autre, mais, à égalité de matière, elle varie avec la forme. La masse restant la même, un corps creux est plus résistant à l'écrasement qu'un corps plein, comme, par exemple, les os des animaux, la tige du blé et autres plantes. Le maximum de ténacité d'un corps creux a lieu lorsque le rayon extérieur est au rayon intérieur dans les rapports de 11 à 5.

On a supposé qu'en construisant des rails vides intérieurement on obtiendrait une plus grande résistance à la pression. Tel est le rail Brunel, dont les coussinets sont supprimés et la semelle est fixée aux traverses par des chevillettes. Les charpentes en fer employées dans les constructions des maisons ont une forme analogue.

Une variété de ce type est le rail Barlow ; les coussinets et les traverses en bois sont supprimés, une bande de fer rivée au rail par deux boulons sert de double semelle et repose sur le ballast.

Enfin en campagne il peut arriver qu'on manque de coussinets : alors le rail peut être placé directement sur les traverses et maintenu par deux cales en bois fixées à chaque traverse entaillée pour les recevoir. Deux tire-fond ou simplement deux clous assujettissent les cales.

Quand on n'emploie pas de coussinets pour réunir les rails, leurs abouts sont alors fixés par deux plaques de fonte percées de trous ; des boulons à vis qui traversent les rails dans leur partie mince servent avec leurs écrous à serrer fortement le tout.

La voie dans les passages à niveau est bordée d'un contre-rail. Sur toute la largeur de la traversée la voie est pavée.

Aiguilles.

Les explications qui précèdent ne concernent que la voie principale et lorsqu'elle n'est pas en communication avec les voies de bifurcation et de garage. Quand il est nécessaire de faire passer un train d'une voie sur une autre, les rails et les traverses sont disposés de trois manières :

Lorsque le train ne passe que sur une seule autre voie, la disposition particulière des matériaux est dite changement de voie ;

Quand le changement est double, le système qui donne passage sur la deuxième voie se nomme croisement de voie ;

Lorsque c'est une troisième branche à franchir, l'appareil qui le résout est appelé traversée de voie.

Au point de jonction les changements de voie se font au moyen d'aiguilles selon la position qu'on leur fait prendre.

Le système d'aiguillage simple se compose de sept ou huit traverses reliées par deux autres placées longitudinalement dans l'intérieur de la voie principale de manière à former un châssis solide.

Également dans l'intérieur de la voie et reposant sur ces traverses, deux bouts de rails en acier fondu, taillés en biseau de manière que les deux pointes effilées puissent se loger sous le champignon des rails voisins contre lesquels elles doivent s'appuyer, ont leur extrémité opposée, ou talon, fixée dans deux anneaux en fer qui leur permet de se mouvoir librement dans un plan horizontal.

Ces deux portions de rails sont reliées par des barres de fer et deviennent ainsi solidaires dans leurs mouvements rendus plus doux par de petites plaques en acier, constamment graissées, sur lesquelles s'exerce le glissement.

A côté de la voie, un levier à pivot assujetti dans une boîte en fonte se trouve rattaché aux aiguilles par une tige en fer qui traverse le rail placé du même côté. Un contre-poids tantôt mobile autour du levier, tantôt faisant corps avec lui, facilite le mouvement. Ce mouvement, qui fait écarter ou rapprocher les aiguilles d'un rail à l'autre, s'obtient en renversant le levier.

Que le levier soit à droite ou à gauche de la voie, lorsqu'il penche vers la ligne, l'aiguille est de ce côté et la direction est du côté opposé; quand le levier est renversé dans le sens contraire et éloigné de la voie, la direction est alors inverse. Par la position du contre-poids et du levier on peut voir de loin quelle est la voie libre.

Le talon de l'aiguille située du côté opposé à la voie de bifurcation est prolongé de quelques mètres par une ligne oblique de rails placés au milieu de la voie principale, et là commence à se dessiner un côté de la nouvelle voie. Maintenant, pour reformer la voie principale qui reste rectiligne, des rails prolongent en ligne droite et de quelques mètres seulement l'autre talon de l'aiguille.

Le point où chaque ligne se sépare entièrement l'une de l'autre se nomme croisement de voie.

A ce point de jonction, deux rails soudés par les deux bouts et formant une espèce de cœur déterminent en s'écartant par les deux autres bouts les nouvelles directions. En face de la pointe de ce cœur s'arrêtent en s'évasant les rails prolongés des talons des aiguilles.

Il y a alors quatre lignes de rails dont les deux extérieures sont la continuation de la première voie unique sur laquelle marchait le train, et les deux lignes intérieures prennent leurs points de départ au cœur de croisement.

Des contre-rails en acier facilitent le passage des roues aux points d'interruption de la ligne. De nombreuses traverses d'une longueur de 5 à 6 mètres consolident et réunissent le croisement.

Quand sur un même point d'une ligne principale, deux bifurcations viennent y aboutir de chaque côté ou même d'un seul côté, et que l'aiguille doive donner accès sur trois voies, le système est double et fonctionne de la même manière, seulement les aiguilles n'ont pas toutes la même longueur.

Une machine en marche n'a rien à craindre d'ouvrir une aiguille par le talon.

Les traversées de voie sont établies sur la troisième branche que franchissent les machines; elles consistent en un châssis carré de traverses sur lesquelles reposent des rails coudés et des contre-rails. Des ouvertures sont ménagées pour le passage des roues.

Plaques tournantes.

Dans les gares, les passages entre des voies parallèles se font au moyen de plaques tournantes et de chariots roulants.

La forme d'une plaque est celle d'un disque de 4 mètres 80 de diamètre. Sa partie fixe repose sur le fond d'une fosse circulaire de 1 mètre de profondeur ; elle se compose d'un cercle en fonte rattaché au pivot central et dont la circonférence est surmontée d'un rail circulaire.

La partie mobile est aussi circulaire, et elle est également reliée au pivot en fer tourné par des bras métalliques; elle s'appuie sur la partie fixe par l'intermédiaire de roulettes en fonte qui roulent entre le rail de dessus et de dessous.

Le pivot recouvert d'un capuchon porte au sommet un godet à huile qui sert à lubrifier l'appareil.

Sur la partie extérieure de la plaque sont disposés des bouts de rail en acier fondu qui affleurent la circonférence; des coins en fer leur font suite jusqu'à la plaque voisine. Selon que la file de plaques est perpendiculaire ou diagonale aux voies, les bouts des rails prennent la forme rectangulaire ou hexagonale.

Un quart de tour imprimé au plateau mobile suffit pour faire prendre une direction à angle droit, un sixième de tour pour la direction oblique.

Des manettes en fer pénètrent dans des crans et arrêtent le mouvement lorsque les rails se trouvent vis-à-vis.

La voiture étant sur la plaque, ses roues doivent être calées afin que dans le mouvement tournant et pendant que les rails ne sont pas en face, elle ne puisse reculer ou dérailler.

### Chariots.

Le passage d'une voiture entre des voies parallèles s'obtient également par des chariots; ces chariots sont en fer et disposés en contre-bas des voies qu'ils desservent et roulent eux-mêmes sur des voies transversales. Leur plancher supérieur est muni d'une partie de voie exactement de même niveau que les autres voies sur lesquelles marchent les trains. Lorsque les rails sont dans le prolongement de la voie à desservir, le wagon est poussé dessus, puis le chariot chargé de cette voiture est poussé sur le côté jusqu'à la rencontre de la voie parallèle de remise où la voiture est retirée de la même manière qu'elle y a été placée.

Comme ces chariots interrompent la voie, on a adopté un chariot circulant sur des rails de même niveau. La voiture est hissée dessus au moyen d'une machine hydraulique.

### Grues hydrauliques.

Pour alimenter d'eau les machines en marche, certaines gares possèdent des grues placées au point où s'arrêtent les locomotives. Un boyau en cuir que le chauffeur fait tourner en tirant une chaîne laisse introduire l'eau dans la caisse du tender. Dans la partie basse de la grue, un calorifère, dont le tuyau ou cheminée traverse le réservoir, sert à chauffer l'eau l'hiver. Quelquefois, ces grues sont remplacées par des colonnes en fonte; dans l'un comme dans l'autre système, il se trouve, devant, une fosse qui permet aux mécaniciens pendant la prise d'eau de pénétrer sous la machine pour y graisser les pièces et tisonner le feu.

Les approvisionnements d'eau sont faits dans les gares par des pompes à vapeur, à bras et à manége ou bien par des sources naturelles.

Avant de présenter la description des instruments ou appareils qui servent pour les signaux et les communications électriques, il convient de résumer les parties essentielles qui concernent la voie.

Pour que la voie ait toutes les conditions de solidité et de sûreté, il faut :

Que le nivellement de la ligne soit uniforme d'un changement de pente à un autre, que le tassement des terres soit égal dans les remblais ;

Que des poteaux indicateurs soient placés à chaque changement de niveau et portant en chiffres apparents la longueur, la hauteur des inclinaisons ;

(A l'aide de ces poteaux, un officier en reconnaissance peut aisément tracer un profil.)

Que les talus des tranchées aient une inclinaison suffisante pour maintenir les terres qui pourraient glisser ou s'ébouler ; dans le cas contraire, établir des murs de soutènement, revêtements en pierres sèches et gazonnages ;

Que les infiltrations d'eau trouvent un écoulement dans les fossés latéraux, ou bien que le desséchement s'opère par des tuyaux de drainage et des rigoles en pierre ;

Que l'ensablement ou ballast soit suffisant et composé de matières perméables permettant l'écoulement de la pluie ;

Que le sable employé ne soit pas trop fin pour pouvoir endommager en se soulevant les pièces de la machine et qu'il n'ait pas perdu sa consistance par la sécheresse, enfin qu'il ne soit pas durci par les gelées et ne puisse se tasser sous les traverses ;

Que les ouvertures des travaux d'art provisoires aient les dimensions voulues pour le passage des convois ;

Que l'assemblage du coussinet et de la traverse ait la plus grande solidité possible ;

Que les coins serrent bien le rail et soient enfoncés dans le sens de la marche des trains, qu'ils ne pénètrent pas trop en avant dans les coussinets en sorte qu'en se séchant on puisse les enfoncer davantage ;

Que les chevillettes ne soient pas détachées après le damage des traverses ;

Que les traverses soient placées dans les lignes droites perpendiculairement, et, dans les courbes, dans le sens normal à l'axe de la voie ;

Que ces traverses soient convenablement espacées, 0.90 cent. pour les rails à patin, 1 mètre pour les rails à coussinets ;

Que la largeur de la voie soit partout la même. 1$^m$445$^{mm}$ ;

Que l'inclinaison des rails vers le milieu de la voie soit constante, sur les parties droites 1/20, dans les courbes 1/10 selon le rayon ;

Que l'espace laissé entre les extrémités des deux rails consécutifs ne soit ni trop grand ni trop petit. 0,002$^{mm}$ lorsque les rails sont posés l'été, 0,001$^{mm}$ quand la pose a lieu l'hiver ;

Que dans les lignes droites, la surface de roulement des rails des deux côtés de l'axe de la voie soit exactement de même niveau ;

Que dans les courbes, les rails de la courbe extérieure soient plus élevés de la hauteur qu'exige le rayon de courbure et la vitesse des trains ;

Que les passages à niveau soient fermés par des barrières et que toute la ligne soit clôturée.

#### Désignation des voies.

Les voies se classent en trois catégories :

1° Voies principales, sur lesquelles les trains circulent pour se rendre d'une gare à une autre ;

2° Voies d'évitement, qui forment double voie sur les lignes à voie unique, pour le croisement des trains dans les gares ;

3° Voies accessoires, comprenant les voies de garage, les voies de manœuvre et les voies de service en général.

Sur les lignes à double voie, la voie principale, parcourue par les trains portant les numéros impairs, s'appelle voie 1.

La voie principale parcourue par les trains pairs, s'appelle voie 2.

Les voies accessoires en dehors des voies principales, et qui sont placées du côté de la voie 1, prennent les numéros impairs 3, 5, 7, etc.

Celles qui sont placées du côté de la voie principale 2, se nomment voie 4, voie 6, voie 8, etc.

Pour éviter la répétition de numéros, les voies accessoires comprises entre les voies principales s'appellent voies du milieu et se désignent par la lettre A, B, C, etc., en partant de la voie 1.

L'ensemble des voies dénommées est le suivant :

7, 5, 3, 1, A, B, C, 2, 4, 6, 8.

Les communications entre les voies prennent les deux numéros ou lettres des voies qu'elles relient : Communication 1—2, ou C-2, etc.

Il est indispensable de connaître parfaitement le nombre et les numéros des voies de chaque gare, les wagons chargés ou vides qui y sont en stationnement, sinon on ferait comme une certaine gare qui a expédié un train de fourrage dont on n'avait nullement besoin et a conservé un train d'artillerie qu'on réclamait avec instance.

Les trains et les machines isolées doivent circuler sur la voie de gauche, en regardant le point vers lequel ils se dirigent. Il ne peut être fait d'exception à cette règle, que dans les manœuvres de gare, dans les cas spéciaux de secours et de réquisition, toutes pour le transport de l'armée.

C'est d'après cette convention que tous les trains qui partent de Paris par exemple, quelle que soit leur direction, prennent les numéros impairs.

Sur les lignes à voie unique, la voie de garage s'appelle voie principale. Dans les gares où il y a deux voies pour le croisement des trains, la voie de droite continue à s'appeler voie principale, et l'autre, voie d'évitement.

Aux gares de croisement les trains doivent prendre leur gauche.

---

## CHAPITRE TROISIÈME.

### SIGNAUX.

Les signaux sont divisés en signaux de jour et signaux de nuit. Ils se composent de signaux fixes placés en des points déterminés :

Sémaphores, disques avancés, signaux d'aiguilles, poteaux de protection ;

Signaux mobiles, qu'on peut à volonté faire sur un point quelconque ;

Signaux à main, signaux des trains, signaux détonants ;

Signaux de mécaniciens ;

Signaux et communications électriques.

L'obéissance aux signaux doit être passive et absolue.

Si l'armée en présence de l'ennemi doit être constamment sur le qui-vive, de même sur tous les points et à toute heure, les dispositions doivent être prises comme si un train était attendu.

L'absence de tout signal indique que la voie est libre. Toutes les fois qu'une voie principale n'est pas entièrement libre, elle doit être couverte par le signal d'arrêt.

Il doit être fait usage des signes de nuit, le soir, à partir du moment où le jour baisse, et, le matin, jusqu'au jour.

Dans l'intérieur des souterrains, les signaux de nuit doivent être exclusivement employés à toute heure.

Lorsque, pendant le jour, l'état de l'atmosphère ne permet pas d'apercevoir un homme à cent mètres de distance, il doit être fait usage des signaux de nuit en même temps que des signaux de jour.

## *Signaux fixes.*

### Sémaphores.

L'appareil sémaphorique consiste en un mât de fonte muni de deux bras mobiles pour les signaux de jour, et de lanternes pour les signaux de nuit. Chaque bras est mis en mouvement par une poignée en fer qui s'engrène dans un secteur guide à trois crans, une tige de fer transmet le mouvement.

Dans deux lunettes pratiquées dans chaque bras, sont placés deux verres peints en couleur rouge ou verte. Une lanterne à feu blanc se hisse au moyen d'une chaînette en fer.

Ces sémaphores sont employés pour protéger, sur place, les gares et les bifurcations. Ils sont aussi employés dans les gares et sur des points intermédiaires, pour maintenir entre les trains se succédant dans le même sens les intervalles prescrits.

Le bras qui se présente à gauche, en regardant le sémaphore, s'adresse seul au train qui se dirige vers lui.

Les bras sont peints en couleur rouge sur la face qui s'adresse au train et en couleur blanche sur la face opposée.

Le jour, le bras rabattu sur le mât indique que la voie est libre ; le bras incliné à angle aigu commande le ralentissement ; le bras étendu horizontalement commande l'arrêt.

La nuit, le feu blanc indique que la voie est libre ;

Le feu vert commande le ralentissement, dans cette position le bras est incliné et la lunette portant le verre de couleur verte se trouve en face de la lanterne ;

Le feu rouge commande l'arrêt, alors le bras est étendu et c'est le verre rouge qui est éclairé.

Les sémaphores destinés à protéger les bifurcations sont précédés dans chacune des trois directions aboutissant à la bifurcation :

A 1,200 et à 1,500 mètres, selon la déclivité de la voie, d'un signal d'avertissement muni d'un transparent éclairé la nuit, sur lequel est inscrit le mot bifurcation ;

A 100 mètres d'un poteau portant l'inscription arrêt en caractères éclairés la nuit.

Le train ne peut dépasser ce poteau tant que le passage ne lui est pas donné par le signal correspondant du sémaphore.

### Disques avancés.

Les disques avancés sont destinés à protéger, à distance, les gares, les bifurcations et, en général, tous les points sur lesquels la circulation peut rencontrer fréquemment des obstacles.

Il se compose d'une colonne en fonte portant un disque circulaire tournant autour d'un axe vertical et pouvant occuper deux positions, l'une parallèle et l'autre perpendiculaire à l'axe des voies. La colonne porte aussi une lanterne qui donne des feux de couleurs différentes, dans les deux positions du disque.

A l'entrée de la gare, un levier en fer qu'un homme lève et baisse sans effort, sert à transmettre le mouvement par un fil de fer qui longe la voie et qui est supporté par des poteaux de 0,20 cent. de hauteur. Ce fil de fer est remplacé au pied du levier par une chaîne qui s'enroule dans une poulie et soutient un contre-poids en fonte descendant verticalement dans un puits. Quand le levier est levé, ce qui indique que le disque occupe la position parallèle, la chaîne est embrayée dans la rainure d'un appendice du levier, ce qui empêche le fil de se détendre. Un autre contre-poids à équerre, placé au pied du disque, prend en même temps une position opposée au levier et facilite le mouvement de demi-rotation.

L'appareil placé à 1,200 mètres n'étant pas toujours visible de la gare et pour être certain qu'il fonctionne bien et que la voie est couverte, un fil électrique mis en communication par le disque lorsqu'il signale l'arrêt, fait marcher une trembleuse électrique placée à l'extérieur de la station et fait entendre un carillon continu, qu'on prend souvent pour la sonnerie du télégraphe.

Les disques sont de trois espèces :

1° Ceux qui s'adressent aux trains circulant sur les voies

principales sont peints en rouge sur une face et en blanc sur
l'autre; leur lanterne présente aux trains arrivant un feu blanc
ou rouge, et, du côté opposé, un feu bleu ou blanc.

Le jour, le disque effacé parallèlement ou présentant sa face
blanche indique que la voie est libre ; le disque présentant sa
face rouge perpendiculairement à la voie commande l'arrêt.

La nuit, le feu blanc indique aux trains arrivant que la voie est
libre ; le feu rouge commande l'arrêt.

Lorsque le train a dépassé le disque et le voit par derrière, le
feu blanc lui indique que le disque présente à d'autres trains
suivants le signal d'arrêt; le feu bleu au contraire indique que
le disque n'est pas tourné et ne le protége pas ;

2° Ceux qui s'adressent aux trains circulant sur les voies de
service sont peints en jaune sur une face et en blanc sur l'autre ;
leur lanterne présente un feu blanc ou jaune. Dans les deux directions, le blanc indique la voie libre, le jaune commande
l'arrêt.

3° Les disques de la troisième espèce s'adressent exclusivement
aux aiguilleurs; ils sont peints en bleu et en blanc : le blanc
indique la voie libre, le bleu qu'elle ne l'est point.

Signaux d'aiguilles.

Les aiguilles qui sont prises par la pointe par des trains en
marche régulière sont pourvues de signaux spéciaux destinés à
indiquer leur position.

Les signaux d'aiguilles se composent de deux disques verticaux,
fixés d'équerre l'un sur l'autre et pouvant tourner autour d'un
axe commun, de telle sorte que chacun des disques puisse occuper deux positions, l'une transversale et l'autre parallèle aux
voies suivant la position des aiguilles. Pendant la nuit, ils sont
surmontés d'une lanterne pouvant donner quatre feux.

Les couleurs des disques et des feux varient dans cinq cas :

1° Bifurcations.

Trains abordant l'aiguille par la pointe :

Le disque blanc perpendiculaire aux voies, ou le feu blanc, indique que la voie située à gauche par rapport au train est ouverte;

Le disque ou le feu vert indique que la voie à droite est ouverte.

Trains abordant l'aiguille par le talon :

Le disque et la lanterne présentent la couleur verte dans les deux positions de l'aiguille.

2° Entrées des voies de manœuvres latérales aux voies principales.

Trains circulant dans les deux sens :

Le disque blanc perpendiculaire ou le feu blanc indique que la voie principale est ouverte ;

Le disque vert ou le feu vert indique que la voie latérale est ouverte.

3° Point de jonction des voies d'évitement avec la voie principale sur les lignes à voie unique.

Trains circulant dans les deux sens :

La couleur blanche indique que la voie principale est ouverte :

La couleur verte que c'est la voie d'évitement.

4° Point de jonction d'une double voie avec une voie unique.

Trains passant de la voie unique sur la voie double :

Le blanc indique que la voie située à gauche par rapport au train est ouverte ;

Le disque rouge, ou le fer rouge, indique que c'est la voie à droite.

Trains passant de la double voie sur la voie unique :

Le disque et la lanterne présentent la couleur verte dans les deux positions de l'aiguille.

5° Point de jonction des voies de service avec la voie principale sur les lignes à voie unique.

Trains abordant l'aiguille par la pointe :

Le disque blanc perpendiculaire, ou le feu blanc, donne l'entrée sur la voie principale ;

Le disque et le fer rouge indiquent que c'est la voie de service qui est ouverte.

Trains abordant l'aiguille par le talon :
La couleur blanche permet l'accès sur la voie principale ;
La couleur verte sur celle de service.

### Poteaux de protection.

Des poteaux de protection sont placés entre les disques avancés et les gares pour indiquer les points au delà desquels les signaux d'arrêt de disques ne donnent plus une protection suffisante à un train garé ou faisant des manœuvres.

## Signaux mobiles.

### Signaux à main.

Les signaux à main s'exécutent :
Le jour, avec un drapeau vert ou rouge ;
La nuit, avec une lanterne pouvant donner, à volonté, un feu blanc vert ou rouge.
Le jour, le drapeau roulé ou dans son fourreau indique que la voie est libre ;
Le drapeau vert déployé commande le ralentissement ;
Le drapeau rouge déployé commande l'arrêt immédiat.
A défaut de drapeau rouge l'arrêt est commandé, soit en agitant vivement de haut en bas et de bas en haut un objet quelconque, soit élevant les bras de toute leur hauteur.
La nuit, le feu blanc indique que la voie est libre ;
Le feu vert commande le ralentissement ;
Le feu rouge commande l'arrêt immédiat.
A défaut de feu rouge, toute lumière vivement agitée de haut en bas et de bas en haut commande l'arrêt.
Dans les manœuvres le signal de marche est donné en agitant horizontalement :
Le jour, un drapeau roulé ou le bras ;
La nuit, une lumière blanche.
Le signal d'arrêt est donné en agitant les mêmes objets de haut en bas et de bas en haut.

À défaut d'agents pour faire les signaux, un drapeau rouge placé dans l'axe de la voie, le jour, et une lanterne à feu rouge dans la même position, la nuit, commandent l'arrêt immédiat à tout train se présentant sur cette voie.

Un drapeau vert ou une lanterne verte placé près d'une voie principale, du côté du rail extérieur, commande le ralentissement à tout train circulant sur cette voie.

Un drapeau blanc ou un feu blanc, placé à l'intérieur de la voie, indique le point où la vitesse normale peut être reprise.

Signaux détonants.

Les pétards sont employés, le jour et la nuit, comme signaux d'avertissement et de ralentissement pour maintenir entre les trains les intervalles et, en général, pour indiquer aux trains qu'il y a, en avant, un obstacle à une distance plus ou moins grande.

Ils consistent en une boîte de fer-blanc pleine de fulminate qui éclate sous le poids de la machine; ils s'adaptent aux rails au moyen de deux lamettes en zinc.

Lorsqu'il y a lieu de faire usage des pétards, on en fixe deux, l'un sur le rail de droite, l'autre sur le rail de gauche, à 50 mètres l'un de l'autre.

Le jour et la nuit, en temps de brouillard épais ou de tourmente ne permettant pas d'apercevoir les signaux à main à 100 mètres de distance au moins, et la nuit, lorsque les lanternes ne peuvent rester allumées, les pétards doivent être employés comme complément des signaux à main. Il doit en être de même dans les souterrains, lorsque la fumée ne permet pas d'apercevoir les signaux à main à 100 mètres.

Lorsque les pétards sont employés comme complément des signaux à main, ils doivent, autant que possible, être placés à 25 mètres en avant du point où sont faits les signaux à vue.

L'emploi des pétards ne dispense pas celui des signaux à vue qui doivent être faits dans les conditions suivantes :

Lorsque, par un motif quelconque, un train s'arrête sur la

voie en dehors de la protection des signaux fixes, le conducteur d'arrière doit se porter au pas de course sans hésitation, sans retard, quelque assurance qu'il puisse avoir qu'aucun train ne doive survenir, à 1,000 mètres en arrière et faire le signal d'arrêt.

Si la voie, entre le signal et l'obstacle, présente une pente de 5 $^{mm}$, l'arrêt est fait à 1,200 mètres.

Si la déclivité de la pente dépasse 8 $^{mm}$, l'arrêt est à 1,500 mètres.

Par contre, si la voie présente une rampe de plus de 5 $^{mm}$, la distance du signal est abaissée à 800 mètres.

Sous aucun prétexte, l'employé chargé de couvrir un obstacle ne peut quitter son poste ou négliger de faire usage des signaux à vue, en s'en rapportant aux pétards qu'il a pu placer, à moins d'ordre formel.

Principaux cas où il est nécessaire de faire le signal rouge d'arrêt ou concurremment avec des pétards.

Dans les gares :

Toute manœuvre de machines, voitures ou wagons dans les gares et sur les voies principales, doit être protégée par les disques et sémaphores et doit être terminée avant l'arrivée d'un train ;

Dans les manœuvres à contre-voie, le train refoulé doit être précédé de 30 mètres du signal d'arrêt ; au lieu d'un homme faisant le signal, on peut placer au point où la queue du train doit s'arrêter un signal rouge dans l'axe de la voie ;

Lorsque le disque ne fonctionne pas ou que, la nuit, sa lanterne ne peut rester allumée ;

Lorsque la voie principale se trouve occupée au delà du poteau de protection ;

Lorsque le lorry ou wagonnet de manœuvre que font rouler les poseurs se trouve sur la voie principale ;

Trains en marche :

Lorsque des voyageurs appellent au secours ;

Lorsqu'un colis tombe ou qu'un chargement déplacé peut compromettre la circulation sur la voie opposée. Le conducteur qui entend ou aperçoit le premier doit serrer le frein et faire le signal d'arrêt au mécanicien ;

Lorsqu'il se produit un retard dans la marche pour qu'il soit à craindre que le train ne puisse atteindre la prochaine gare 10 minutes avant le train suivant, le train est arrêté et couvert à l'arrière ;

Lorsque la vitesse se trouve ralentie au point de permettre à un homme marchant au pas de le suivre, et tant que la vitesse normale n'est pas reprise, on place des pétards de 1,500 en 1,500 mètres, en outre, l'hiver, quand les machines sont pourvues de balais ou chasse-neige pouvant enlever les pétards sans les faire éclater, le train est suivi à 1,000 mètres par un homme faisant le signal rouge ;

Lorsqu'un train vient à se diviser par suite d'une rupture d'attelage ou que le manque d'eau, l'impuissance de la machine, ou qu'une circonstance quelconque nécessite l'abandon d'un train ou d'une partie du train, la partie abandonnée doit être couverte derrière ;

Lorqu'un train en détresse est croisé par un autre train circulant sur la voie opposée, il doit être fait à ce dernier le signal d'arrêt et on le charge de porter la demande de secours ;

Quand la machine de secours doit arriver par devant le train en détresse, il doit être couvert à l'avant et à l'arrière ;

Lorsque les deux voies se trouvent interceptées par un déraillement ou tout autre accident survenu à un train, ces voies doivent également être couvertes à l'avant et à l'arrière ;

Lorsqu'en route, on aperçoit sur la voie opposée un obstacle à la circulation qu'on ne puisse facilement enlever et qu'il ne soit couvert par aucun signal, on doit placer des pétards sur la voie obstruée et une fois remis en marche, le mécanicien doit présenter le signal d'arrêt à tout train allant vers l'obstacle et doit lui donner alors connaissance du danger.

### Signaux de trains.

Sauf pour le passage des souterrains, les trains en marche ne portent aucun signal pendant le jour. La nuit ils portent, à l'avant, au moins une lanterne à feu blanc, et à l'arrière, au moins deux lanternes à feu rouge.

Les trains supplémentaires, doublant des trains réguliers de troupe, doivent être annoncés par le train qu'ils doublent :

Le jour, le train régulier qui précède immédiatement le train supplémentaire, porte un drapeau vert déployé à l'angle supérieur de droite de la dernière voiture à frein ;

La nuit, ce train porte un feu vert du même côté.

Pour les trains facultatifs, prévus par les tableaux de marche, le train précédent porte le signal vert à l'angle gauche de la dernière voiture.

Pour les trains spéciaux non prévus par les tableaux de marche, comme par exemple des transports urgents de troupe ou de matériel sur un point menacé, le train précédent porte : le jour, le drapeau rouge à l'angle droit de la dernière voiture ;

La nuit, un feu vert placé au-dessus du crochet d'attelage de la dernière voiture.

### Signaux de mécaniciens.

Les mécaniciens communiquent de la manière suivante, au moyen du sifflet de la locomotive, avec les conducteurs placés sur le train :

Un coup de sifflet prolongé commande l'attention ;

Deux coups de sifflet brefs prescrivent aux conducteurs de serrer leurs freins jusqu'à frottement ;

Plusieurs coups de sifflet saccadés ordonnent aux conducteurs de serrer leurs freins jusqu'à refus ;

Un coup de sifflet bref annonce la mise en route et ordonne aux conducteurs de desserrer les freins.

Les mécaniciens demandent aux aiguilleurs l'accès des voies de bifurcation de la manière suivante :

Un coup de sifflet prolongé pour aller à gauche ;
Trois coups de sifflet prolongés pour aller à droite.

### Signaux de départ.

Aucun train, quelle que soit sa nature, ne doit se mettre en marche pour quitter une gare, qu'au signal fait par le chef de gare, au moyen d'un sifflet à bouche et transmis par le conducteur de tête au mécanicien par la cloche du tender. Ce coup de cloche est répété par un coup prolongé de la machine qui commande l'attention.

### Signaux d'arrivée.

On emploie, sur certains points, les trompes pour annoncer l'approche des trains ou des machines isolées.

Il est regrettable qu'il n'y ait pas une conformité parfaite des signaux sur toutes les lignes, une espèce de langue universelle, qui, rapidement comprise ou apprise par les personnes étrangères aux chemins de fer, pourraient prévenir de nombreux accidents.

Ainsi la compagnie d'Orléans indique par le vert la voie libre et par le blanc le ralentissement.

## CHAPITRE QUATRIÈME.

### TÉLÉGRAPHIE ÉLECTRIQUE.

Si l'origine et la nature de l'électricité reposent encore sur des hypothèses, de même l'histoire progressive des différents systèmes de piles ou générateurs d'électricité dynamique, qui offre bien sûr un certain attrait, pourrait avoir ici un résultat négatif si l'indication pratique était dominée par la démonstration scientifique. La description de la télégraphie électrique doit, par conséquent, être restreinte à l'entretien et à la manipulation du télégraphe à cadran, le seul en usage sur les chemins de fer.

Ce télégraphe se divise en appareils extérieurs et en appareils intérieurs.

Les appareils extérieurs se composent de poteaux en bois, d'isolateurs en porcelaine et de fil de fer galvanisé.

Les poteaux sont généralement, le long de la voie, espacés de 50 à 100 mètres suivant leur grosseur qui est en proportion du nombre de fils qu'ils supportent. Sur ces poteaux sont assujettis des godets en porcelaine et disposés de deux manières : ou ils tiennent le fil suspendu par un crochet en fer galvanisé, ou bien le fil repose sur eux et est maintenu par un de leurs rebords.

Pour que le courant produit par la pile puisse arriver au poste réceptionnaire, il faut :

Que le fil ne présente aucune solution de continuité d'un poste à l'autre ;

Qu'aucun objet flottant ne reste attaché aux fils ;

Qu'aucun objet susceptible de faire dévier les poteaux ne soit appuyé contre eux ;

Que la suspension du fil à l'un d'eux ne soit pas arrachée par un accident quelconque ;

Que, pendant l'hiver, dans les tranchées souterraines et ponts en dessous, les fils ne se trouvent pas en communication entre eux ou avec les poteaux par des glaçons.

Les appareils intérieurs composant un poste télégraphique sont :

Une pile pour produire l'électricité ;

Une boussole ou galvanomètre pour constater le passage du courant ;

Un cadran manipulateur pour envoyer les signaux ;

Un cadran récepteur pour recevoir les signaux ;

Une sonnerie d'avertissement ;

Un régulateur de pile pour régler le nombre d'éléments de pile, proportionnellement à la distance à faire franchir par le courant ;

Un paratonnerre pour préserver l'appareil des perturbations que pourrait y apporter, en temps d'orage, l'électricité atmosphérique.

### Pile.

Le type de l'élément en usage est le plus simple, il se compose d'un grand vase en verre dans lequel est placé un vase poreux en terre de pipe dégourdie. Le vase poreux est rempli jusqu'à un centimètre du bord d'une dissolution de sulfate de cuivre. Dans le verre, il y a de 4 à 5 centimètres d'eau claire en contact avec la paroi poreuse et sans dépasser la hauteur de la dissolution et surtout sans qu'il y ait mélange de liquide, ce qui ferait cesser l'action électrique.

L'extrémité d'une lame de cuivre plonge dans le vase poreux, et l'extrémité d'une lame de zinc amalgamé plonge dans l'eau. Les deux autres bouts de ces lames sont réunis par une vis.

L'accouplement de plusieurs vases ou éléments constitue la pile ou la batterie électrique. La pile est disposée en séries parallèles, en séries longitudinales et autres combinaisons. Dans tous les cas, la tension d'une pile est une conséquence du nombre d'éléments, mais elle est indépendante de leur surface. On gagne plus à multiplier ce nombre que d'employer des éléments de grande dimension.

L'entretien de la pile consiste :

A s'assurer qu'il n'y a aucune solution de continuité dans l'arrangement des zincs, dans leurs soudures avec les lames de cuivre ;

A maintenir le niveau de la dissolution dans le vase poreux à un centimètre du bord supérieur et à un degré convenable de saturation, c'est-à-dire d'un bleu un peu foncé ;

A ajouter de temps en temps les cristaux de sulfate par petites parties, quatre morceaux gros comme des noisettes ;

A éviter la méthode vicieuse de mettre une grande quantité de sulfate avec peu d'eau, ce qui consomme beaucoup de sel excitateur sans augmenter la force du courant ;

Les oxydes métalliques étant les plus mauvais conducteurs de l'électricité et de la chaleur, l'extérieur des grands vases de verre ainsi que le fond de la boîte en bois qui renferme la pile doivent toujours être parfaitement propres et parfaitement secs ;

En suspendant l'action de la pile, ne pas laisser sécher librement une couche d'oxyde à la surface des zincs, mais l'essuyer quand on cesse de s'en servir ;

De même pour le vase poreux, en vider l'acide et le remplir d'eau pour le laisser dégorger ;

Quand le courant ne paraît pas être envoyé sur la ligne, vérifier les parties de la pile et s'assurer que les boutons des pinces serre-fils sont bien serrés ;

Veiller à ce qu'aucun objet ne séjourne sur les appareils et à ce que les fils qui s'y rattachent soient isolés du contact de tout corps étranger.

### Galvanomètre.

Le poste télégraphique doit posséder une ou plusieurs boussoles suivant le nombre de postes avec lesquels il est en communication directe.

La boussole ou galvanomètre, étant extrêmement sensible au passage du courant, sert pour s'assurer que l'aiguille aimantée renfermée dans un petit globe en verre oscille au passage du courant, soit qu'il émane de la pile du poste, soit qu'il arrive du générateur du poste en communication.

Cette petite boussole n'a aucune table de graduation servant à mesurer l'intensité directrice du courant par le nombre d'oscillations de l'aiguille, ce qu'il est tout à fait inutile de connaître, ainsi que les déviations polaires, pour s'assurer du passage électrique.

### Manipulateur.

Le manipulateur pour envoyer les signaux consiste en un cadran en cuivre assujetti horizontalement sur une table. Il est divisé en 26 parties : la première séparation, autant dire le secteur, quoique le rayon n'arrive pas jusqu'au centre de la circonférence, est marquée en haut du cadran par une croix, c'est le signe de repos ; la division immédiatement à droite de la croix indique le chiffre I et au-dessous la lettre A, en suivant ainsi case par case jusqu'au chiffre 25 et jusqu'à la dernière lettre de l'alphabet.

Dans l'intérieur de ce cadran se trouve une roue plate qui porte à sa circonférence 26 dents bien tranchées, bien espacées l'une de l'autre et qui correspondent aux chiffres et lettres du cadran extérieur. Aux dents de cette roue viennent s'appuyer deux lames de cuivre : celle qui est en communication avec le fil de la pile du poste est toujours en contact avec les dents ; l'autre lame, qui est en communication avec le fil de transmission, est terminée à la partie qui frotte contre la roue par une came taillée en forme d'un guidon de fusil, de manière à obtenir successivement contact et arrêt. Au centre du cadran est placé un pivot métallique auquel est adaptée une manivelle que fait mouvoir la main du stationnaire, le mouvement circulaire est communiqué à la roue dentée.

### Récepteur.

Le récepteur est aussi un cadran en porcelaine de plus petite dimension que le manipulateur, et, comme lui, il porte les mêmes indications de chiffres et de lettres ; il est placé verticalement sur la même table. Ce cadran n'a pas de manivelle ; elle est remplacée par une pointe en fer comme le bec de plume dont les mouvements, par conséquent les indications, ne sont que la répétition exacte des mouvements du manipulateur du poste expéditeur. Seulement, la différence entre les deux, c'est que la main du télégraphier fait marcher le manipulateur, tandis que c'est l'électricité qui fait répéter les signaux par le récepteur et par le mécanisme suivant : dans l'intérieur du récepteur est placé horizontalement un électro-aimant dont une extrémité est tournée vers une armature de fer doux, maintenue éloignée de la bobine par un ressort à boudin. L'armature fait partie d'un levier coudé dont le bout est relié par une tige à un deuxième levier auquel est adaptée une fourchette dont les deux pointes entourent et s'engrènent dans une roue à rochet portant l'aiguille indicatrice.

Voici la marche du courant d'un poste à l'autre :

En supposant qu'on veuille écrire *Mâcon*, le stationnaire fait tourner la manivelle du manipulateur de la croix jusqu'à la lettre M. C'est-à-dire jusqu'à la 13e lettre, le courant de la pile du poste venant par la lame de cuivre qui frotte constamment contre la roue dentée, l'électricité entoure alors la roue, mais comme du côté opposé la lame taillée en came se trouve 13 fois en contact et que 13 fois ce contact est interrompu, il en résulte que le courant est transmis en autant de fois sur la ligne.

Au poste d'arrivée ou bien mieux dans son récepteur, le courant arrive en 13 fois dans l'électro-aimant, il devient alors chaque fois attractif et chaque fois il cesse de l'être, parce que le ressort à boudin sollicite l'armature dans un sens opposé. Chaque fois donc qu'il y a attraction, le levier et la fourchette font un mouvement qui se communique à l'aiguille indicatrice ; après que la roue à rochet a tourné de 13 crans, l'aiguille s'arrête fidèlement sur la lettre M.

Le mouvement communicatif est le même pour les autres lettres, suivant le nombre des intermittences.

Voilà à peu près ce que l'on trouve dans tous les traités de physique, même les plus élémentaires, mais voici ce que l'on n'y trouve pas, parce que c'est la partie pratique et conventionnelle.

### *Transmission des signaux.*

Quand l'appareil ne fonctionne pas, l'aiguille du récepteur et la manivelle du manipulateur doivent toujours être aux points de repos, c'est-à-dire sur la croix placée en haut des cadrans.

Le commutateur, sorte de lame mobile en cuivre qui pivote sur un axe et qu'on place à volonté sur la touche de la sonnerie ou bien sur la touche qui fait correspondre avec le poste auquel on veut parler (terme employé), doit être placé pendant le repos sur la touche de la sonnerie marqué de la lettre S. On doit veiller avec soin à ce que le commutateur soit au milieu de la plaque de cuivre et n'ait aucun contact avec le bois.

Lorsqu'un poste a à transmettre un signal, il doit :

Mettre en contact avec la plaque marquée A le commutateur du poste à interpeller, en s'abstenant surtout de toucher au commutateur d'un autre poste ;

Faire faire à la manivelle du manipulateur un tour complet, en examinant la boussole et s'assurer que l'aiguille est sensible au passage du courant.

Après ce mouvement qui a pour but unique d'avertir le poste voisin, et jusqu'à ce qu'on ait reçu le signal de présence, on doit remettre le commutateur sur la sonnerie, afin de ne pas exposer le récepteur à l'arrivée d'un trop fort courant.

Le poste attaqué qui entend marcher une de ses sonneries et voit apparaître le mot : *Répondez*, doit immédiatement mettre le commutateur correspondant en contact et faire faire un tour entier à la manivelle de son manipulateur. Par cette opération, il prévient le poste qui l'a appelé, qu'il est prêt à recevoir les signaux.

Avant de commencer les dépêches, on doit faire les signaux préliminaires de reconnaissance en donnant le mot de ralliement et en recevant le mot d'ordre, puis en se donnant réciproquement le nom du poste. Ces signaux ont aussi pour objet d'établir la solidarité des appareils des deux postes.

Si l'on s'aperçoit que l'aiguille du récepteur ne marche pas régulièrement, c'est que le ressort à boudin sollicite trop ou pas assez le levier articulé et que l'appareil a besoin d'être réglé. On demande alors au poste voisin de tourner sa manivelle pendant une ou deux minutes, par ce signal : *Tournez*. Pendant ce temps, on cherche le point où l'aiguille d'un petit cadran de réglage disposé sur le récepteur doit être placée pour que l'aiguille du récepteur ait une marche normale.

Si l'aiguille du récepteur s'arrête de préférence sur les chiffres impairs, on doit serrer le ressort de la palette, en tournant l'aiguille de réglage de manière à la faire aller successivement d'un chiffre faible à un chiffre plus élevé. Par exemple, de 2 à 5, à 6, à 7. etc.

Si, au contraire, l'aiguille du récepteur s'arrête sur les chiffres pairs, on doit desserrer le ressort en faisant aller l'aiguille du petit cadran, d'un chiffre fort à un chiffre faible. Par exemple, de 18 à 15, à 10, etc.

Si l'aiguille du récepteur ne bouge pas, quoiqu'on entende un léger bruit, fait par le courant, on doit desserrer le ressort comme il vient d'être expliqué.

La transmission de toute dépêche doit, après les signes d'avertissement et le réglage des appareils, être invariablement précédée du nom de la station qui transmet, suivi du nom du poste où la dépêche est adressée.

Elle doit être précédée, en outre, de l'heure précise de la transmission et de l'adresse du fonctionnaire qui correspond. Exemple :

Mâcon. Bourg. 5 h. 10 m. Général de division à commandant
    de troupe :
      (*Texte.*)             (*Signature de l'expéditeur.*)

La manivelle du manipulateur doit toujours être mise franchement en mouvement de gauche à droite, à partir de la croix, en suivant la série ascendante des chiffres inscrits sur le cadran. Dans ce mouvement de rotation, il faut éviter les arrêts, car le poste réceptionnaire les note comme lettres.

Le texte de la dépêche doit toujours être rédigé avec concision.

Les dépêches doivent être transmises, en signalant successivement toutes les lettres composant les mots, c'est-à-dire par épellation.

Après chaque mot signalé, la manivelle doit être ramenée au point de repos, c'est-à-dire sur la croix.

Les signaux doivent être passés assez lentement pour que celui qui reçoit ait lui-même la possibilité de les transcrire. Une trop grande vitesse a de grands inconvénients pour la conservation des appareils et ensuite ne présente aucun avantage pour la prompte transmission, car l'aiguille du récepteur saute ou s'arrête en chemin, lorsque les intermittences d'une lettre à l'autre ne sont pas assez espacées.

Lorsque les dépêches comprennent des chiffres, et pour éviter des confusions, on fait faire à la manivelle deux tours entiers en s'arrêtant chaque fois sur la croix. De cette manière, on peut passer une dépêche chiffrée d'après un vocabulaire conventionnel, sans qu'elle soit comprise par les télégraphiers.

Quand c'est la signature de l'expéditeur de l'ordre qu'on veut faire connaître, la manivelle doit être tournée trois fois avant de commencer le nom.

Si, dans le cours de la transmission, les signaux envoyés sont inintelligibles, celui qui reçoit fait faire à sa manivelle un tour de cadran, et remet l'aiguille de son récepteur sur la croix, en appuyant sur un petit bouton qui surmonte ce cadran.

De son côté, celui qui parle, interrompu par un mouvement de l'aiguille de son récepteur, arrête la correspondance. Lorsque les appareils sont ainsi ramenés au point de repos, le poste qui a interrompu donne l'ordre de répéter toute la dépêche, s'il y a lieu, ou indique le dernier mot compris.

L'accusé de réception des dépêches qui peuvent donner lieu à équivoque, ou dont la transmission présente une importance particulière, doit être donné par la répétition textuelle de la dépêche. Pour les autres, on se borne à répéter la première lettre de chaque mot, en revenant chaque fois sur la croix, ou bien seulement, on donne l'accusé par B. C. Bien compris.

### Communication directe par l'isolement des postes intermédiaires.

La correspondance entre deux postes qui ne se suivent pas immédiatement peut se faire, soit en relayant la dépêche à tous les postes intermédiaires : *Transmission de poste en poste* ; soit directement, au moyen de l'isolement des postes intermédiaires : *Communication directe*.

Cependant les postes télégraphiques des gares où il est établi un dépôt de locomotives de secours doivent être maintenus en communication permanente.

Lorsqu'une dépêche secrète est adressée en direction, les signaux indicatifs doivent donner le nom du poste qui transmet et le nom du poste avec lequel on veut se mettre en communication, et l'ordre aux postes intermédiaires d'isoler leur appareil.

L'isolement d'un appareil s'opère, en plaçant les deux commutateurs des postes de droite et de gauche, sur une bande en cuivre, qui porte l'inscription : *Communication directe*.

La communication avec les postes voisins se rétablit, en replaçant les commutateurs sur les touches des sonneries. Toutefois, avant de rétablir la communication intermédiaire, il faut que les postes isolés consultent leur boussole. Si elle marque par ses oscillations que la transmission en direction continue, le poste isolé doit attendre que l'aiguille aimantée devienne immobile.

En ajoutant qu'il faut moins de temps pour apprendre à manipuler un télégraphe à cadran, qu'il n'en faut pour donner des explications écrites, c'est rester dans le vrai, même pour ceux qui n'auraient aucune notion de l'électricité. La plupart des employés des gares en sont là. Cependant, parmi eux, il y en a qui, par la grande habitude, manipulent la nuit sans lumière, ou bien, sans regarder le récepteur et en écoutant les coups de l'armature de fer sur l'électro-aimant, en déduisent du nombre, la lettre qui y correspond.

### Sonneries.

Le nombre de sonneries que doit avoir un poste dépend du nombre de stations avec lesquelles il est en communication directe. Comme on déjà vu, elles servent à appeler l'attention de celui à qui l'on veut écrire.

Lorsque la correspondance est suspendue, le commutateur doit être placé sur la touche de la sonnerie.

La sonnerie consiste en une boîte en bois, renfermant des fois un électro-aimant, d'autres fois un mécanisme très-simple monté par un ressort d'horlogerie. Sur la partie supérieure de la boîte est placé un timbre en métal de cloche dans lequel se meut un battant en fer, dont le pied est maintenu par le bout d'un petit crochet. Lorsque le courant du poste voisin arrive, le crochet ou la détente lâche le battant et la sonnerie carillonne tant que celui qui appelle fait tourner la manivelle de son manipulateur. En même temps, apparaît un petit écriteau portant le mot : *Répondez*. Cette indication facilite le stationnaire absent, pour connaître le poste qui interpelle.

### Régulateur de pile.

Ne se trouve que dans les postes qui ont des fils directs pour les grandes distances et qui cependant sont en relation avec d'autres postes plus rapprochés. On comprend que le courant produit par un grand nombre d'éléments serait très-violent pour une petite distance.

Ce régulateur porte trois touches correspondant à trois divisions de la pile et déterminant le nombre d'éléments à employer suivant la distance que le courant doit franchir.

Chaque touche porte sur un secteur le nom des gares de la ligne à la distance desquelles elle correspond.

Quand on veut transmettre une dépêche, il faut avoir la rigoureuse attention de mettre, avant tout signal, la manette du régulateur sur la touche qui porte le nom du poste à attaquer.

Si, par exemple, Mâcon voulait correspondre avec Bourg, le courant devrait être plus puissant que s'il n'était envoyé qu'à Pont-de-Veyle.

### Paratonnerres.

Chaque poste doit avoir un ou plusieurs paratonnerres, suivant le nombre des postes avec lesquels il correspond directement.

Les paratonnerres sont placés au-dessus du récepteur sur des planchettes rectangulaires clouées contre le mur. Ce sont des tubes en cuivre où aboutissent les fils de dehors et les fils du poste même.

Là les bouts de ces fils sont reliés par un fil très-mince qui se brûle et se brise au contact de la foudre.

Des commutateurs dentelés et à manette sont destinés à mettre le poste à l'abri du danger.

La manœuvre de ces commutateurs n'a lieu que dans les cas rares et exceptionnels mentionnés ci-après.

Les renseignements qui suivent, ainsi que tous les précédents qui concernent la télégraphie électrique, ne sont indiqués que comme prescriptions pratiques et sans entrer, bien entendu, dans les considérations de l'influence du fluide positif sur le fluide négatif, etc., etc.

Lorsque le temps est à l'orage et qu'il y a lieu de craindre une décharge électrique, tous les postes où il serait établi un dépôt de machines de secours doivent mettre les commutateurs en contact avec les touches de terre marquées **T.** Ce contact a pour but de laisser une issue directe au courant par le fil de terre qui se prolonge dans une fosse. Les appareils placés dans cette position sont isolés de toute communication et interrompent toute transmission.

Dans les autres gares on doit se mettre en communication directe sur les paratonnerres en poussant les commutateurs sur les deux touches marquées **C. D.** Dans ce cas le fluide pénétrant par un fil s'écoule une autre fois dehors par un autre fil, ou bien le fil de protection se brûle.

Il faut éviter de placer les commutateurs sur bois.

Quand on est obligé de s'isoler momentanément, on doit en donner avis aux postes voisins.

Si, dans une gare surprise par l'orage avant d'avoir exécuté ces prescriptions, les communications se trouvent subitement interrompues et que la boussole paraisse insensible, il y a présomption de la rupture du petit fil renfermé dans le tube de protection. Après l'orage, on doit mettre un tube de rechange, ou, à défaut de tube, le remplacer par un clou, une tige de métal, un fil de fer, de manière à établir une communication métallique entre les deux bornes marquées **L. L'.** (limites des fils).

Lorsqu'un dérangement quelconque, dans la pile, dans le manipulateur et dans le récepteur, empêche l'envoi ou la réception d'une dépêche dans les deux directions, la communication directe entre les postes de droite et de gauche peut être établie sur les paratonnerres.

### Télégraphe Tyer.

Sur certaines lignes de chemin de fer on a adopté, comme complément de signaux, un système très-simple de correspondance électrique et qui a pour but de signaler la marche d'un train. Cet appareil, qu'on nomme télégraphe Tyer, fonctionne avec un fil spécial et se trouve placé sur la même table que le télégraphe à cadran.

Aussitôt qu'un train quitte une gare, son chef en donne avis à la station qui l'attend. La communication électrique qu'il donne fait tourner une aiguille dans le sens de la marche du train. En dehors de la station il y a également une aiguille verticalement placée lorsque la voie est libre, mais qui s'incline dans la direction du train lorsqu'elle est parcourue par celui-ci.

Ces signaux restent dans cette position jusqu'à l'annonce de l'arrivée du train et son départ ensuite.

Enfin, pour les cas d'accidents, sur certaines lignes, on a disposé sur des poteaux et de distance en distance à partir du dépôt des machines, des boîtes renfermant un avertisseur qui sert à transmettre les demandes de secours.

Pour le service complet, il faut cinq fils :

Un fil direct, pour relier les grandes stations ; — Un fil omnibus, pour relier toutes les gares et les bifurcations ; *Ces fils servent aussi pour la transmission des dépêches. On sait que le passage du courant dans les deux sens a lieu sur le même fil.*

Deux fils pour le télégraphe Tyer ;

Un fil pour les demandes de secours sur la voie.

Néanmoins, on peut obtenir un bon service de dépêches et de circulation des trains avec les deux premiers fils.

A la rigueur la circulation sur les lignes à double voie peut avoir lieu sans télégraphe, et sur les lignes à voie unique on peut également s'en passer en établissant un service de pilotage.

---

## CHAPITRE CINQUIÈME.

### PILOTAGE.

En campagne, plus que partout ailleurs, on doit s'attendre à des interruptions de voies ferrées occasionnées par des dérangements faits par l'ennemi. La circulation est établie provisoirement au moyen d'un pilotage simple ou d'un pilotage double suivant les cas suivants :

Interceptions résultant de détresse ou d'accidents de trains.

Lorsqu'une seule des deux voies principales se trouve interceptée par un déraillement et que l'interception doive se prolonger assez longtemps, un pilotage simple doit être organisé le plus promptement possible.

Lorsqu'il s'agit d'interceptions se produisant d'une manière imprévue, par suite d'éboulement, d'affaissement de terrains ou de destructions, et, en général, des causes autres que des accidents de trains, ou que l'imminence des dégradations dans les voies, les talus et autres ouvrages, fait craindre pour la sécurité de la circulation sur l'une des voies principales, on doit toujours procéder par pilotage simple.

Lorsque l'une des voies principales doit être interceptée d'une manière permanente, pendant un certain laps de temps, pour l'exécution de travaux, le pilotage simple doit être annoncé d'avance sur le tableau de la marche des trains.

Lorsqu'un obstacle quelconque intercepte les deux voies et que cette interception présente un caractère de longue durée pour qu'il y ait toujours urgence de ne pas perdre de temps et pour qu'il y ait lieu, par conséquent, d'établir un transbordement de troupes d'un côté à l'autre de l'obstacle et à une distance variable selon la position de l'ennemi, on doit organiser dans chaque direction un service de pilotage entre l'obstacle et la gare voisine.

La circulation doit être établie sur chaque côté, sur la voie d'arrivée, de telle sorte que les trains marchent à contre-voie en allant vers l'obstacle, et dans le sens normal au retour.

Il arrivera fréquemment que le chemin de fer se trouvera barré par un poste retranché ou bien par la destruction d'un pont. Dans le premier cas, il faut devenir maître de la fortification, et dans le deuxième cas, une fois en possession des deux rives, l'une des deux voies doit être rendue à la circulation avant l'autre, le double pilotage est remplacé par un pilotage simple, établi sur la voie devenue libre et entre les deux gares situées de part et d'autre de cet obstacle.

Lorsque par suite d'une pointe hardie de coureurs ou de partisans, l'interception a lieu soudainement et, en général, toutes les fois que les circonstances sont telles, qu'il soit nécessaire de prendre immédiatement des mesures pour assurer la circulation, les chefs de gares entre lesquelles se trouve l'obstacle ont à pourvoir à l'organisation du pilotage sur la voie restée ou rendue libre.

Les mesures qu'ils ont à prendre dans ces circonstances et la part d'initiative attribuée à chacun d'eux diffèrent suivant que les deux chefs d'étapes sont ou ne sont pas en communication télégraphique.

Lorsque les gares ne peuvent pas communiquer télégraphiquement, le chef de station, qui expédie les trains dans le sens normal de la circulation sur la voie principale destinée à devenir voie unique temporaire, doit seul organiser le pilotage.

Il doit envoyer par les voies les plus promptes, au chef de l'autre gare, destinée à devenir tête de voie unique, une dépêche écrite, donnant avis de l'interception.

Cette dépêche est portée par un agent qu'il expédie, soit sur une machine, soit en voiture, soit en suivant la voie à pied, suivant les circonstances.

En général, la circulation temporaire sur une seule voie s'établit entre deux gares. S'il existe une communication de voies entre le point d'interception et l'une des gares voisines, le pilotage est établi sur ce point de bifurcation.

Des dispositions doivent être prises pour arrêter tous les trains, toutes les machines à leur entrée sur la voie unique. Les signaux fixes, disques et sémaphores doivent être mis à l'arrêt du côté de l'arrivée des trains, se dirigeant vers la voie unique.

Un pilote doit être désigné nominativement pour accompagner les trains, par un ordre écrit. En outre, il porte, comme signal de reconnaissance, un brassard sur lequel est écrit le mot pilote. Il se place sur la machine.

Des gardes doivent être placés aux deux extrémités de la voie unique temporaire, avec la consigne écrite d'arrêter tout train ou toute machine se présentant à l'aiguille pour entrer sur la voie unique, et de ne laisser le train s'engager sur cette voie que sur l'ordre verbal du pilote présent à l'aiguille.

Sous aucun prétexte, l'ordre verbal ne peut être remplacé par un ordre écrit laissé au garde.

Cette consigne doit être exécutée à la lettre, la sécurité de la circulation reposant sur l'exécution littérale de l'ordre. Si ailleurs on glisse complaisamment sur l'exécution et la transmission des ordres, dans les chemins de fer, ce doit être, constamment en tout temps et en tout lieu, l'inverse.

Lorsque plusieurs trains doivent être successivement expédiés dans le même sens, avant le passage d'un train venant en sens contraire, le dernier de ces trains doit être seul accompagné par le pilote ; dans cette circonstance seulement, le pilote remet lui-même aux mécaniciens l'ordre d'avancer. Cet ordre est ensuite remis à l'aiguilleur de sortie.

Dans aucun cas, le pilote ne doit laisser s'engager sur la voie le premier train qui doit passer en sens contraire de la circulation normale, avant d'avoir reçu l'assurance que la voie est libre.

A cet effet, si les stations communiquent télégraphiquement, il doit y avoir un échange préalable de dépêches, ainsi formulées :

1<sup>re</sup> *dépêche.*

Envoyée par la gare chargée d'organiser le pilotage :

Voie (un ou deux) est interceptée au kilomètre n°     , par suite de

Arrêtez (ou j'arrête) tout train s'engageant sur cette voie.

J'établis temporairement la circulation sur la voie (deux ou un) restée libre, qui devient voie unique.

Je place à ma gare un garde à l'entrée de la voie unique avec consigne écrite.

Agissez de même.

Premier train à passer étant train n°     , je nomme M.     pilote.

L'accusé de réception est la répétition à peu près de la dépêche.

Quand le premier train à engager doit passer à contre-voie, la gare qui expédie ce train doit auparavant passer deux dépêches.

2<sup>e</sup> *dépêche.*

Quel est le dernier train parti de votre gare pour

*Réponse.*

Dernier train n°     est parti à     heures     minutes.

3<sup>e</sup> *dépêche.*

Qui ne doit être envoyée qu'après que le dernier train annoncé est passé.

J'expédie train n°

*Réponse.*

J'attends train n°

Cette réponse reçue, le train à passer à contre-voie est expédié et, à partir de ce moment, le service de pilotage fonctionne régulièrement sans autres échanges de dépêches et sans nulle crainte, puisqu'il faut la présence du pilote pour lancer un train dans l'une ou l'autre direction.

Ces quelques lignes démontrent que, pour la régularité du service, la perfection et l'obéissance des signaux concourent avec l'instruction pratique des agents et leur stricte observation des règlements, à la précision des mouvements sur toute la ligne, et, comme il a été dit en commençant, la direction doit être unique, active et intelligente et non laissée à l'initiative de chacun.

Voilà le petit caillou que nous apportons; que les autres apportent les pierres de taille et achèvent l'édifice. Que la France sache fortifier et conserver ses chemins de fer, qu'elle se rappelle que les points de communication et de transit de : Suez, Brindisi, Trieste, Milan, Saint-Gothard, le Simplon, le Mont-Cenis, Bourg-en-Bresse, Bâle, seront les objectifs de convoitises et de luttes entre les nations.

## CONCLUSION.

Enfin, comme conclusion, le théâtre de la guerre devant se déplacer plus rapidement que par le passé, il est nécessaire de se préparer à devenir de plus en plus capables de recevoir et d'exécuter des missions d'une nouvelle importance. Jomini dit en parlant des chemins de fer : « C'est là un grand sujet de ré-« flexions pour tous les militaires, et ils devraient rivaliser de « zèle pour combler la lacune qui existe pour l'avenir dans la « théorie de l'art de la guerre. »

Un de nos ministres a récemment dit au Corps législatif, que les guerres futures devant s'accomplir dans des conditions extraordinaires de rapidité, l'organisation des forces du pays devait tendre à leur prompte concentration sur la frontière et au delà.

On ne peut mieux terminer qu'avec les paroles de M. le maréchal, ministre de la guerre : « De la paix et de la guerre je ne m'inquiète pas, mais si la guerre survient je dois être prêt, c'est mon métier !... »

Ainsi donc, ce viel adage, *si vis pacem, para bellum,* a été, est, et sera toujours de circonstance.

Mâcon, le 14 juin 1870.

OLMETA,
Lieutenant au 73ᵉ d'infanterie.

# PROGRAMME

DU

*Cours pratique sur l'emploi des Chemins de fer en campagne et sur la manipulation du télégraphe à cadran, fait par le capitaine OLMETA, du 69ᵉ de ligne, avec autorisation de M. le général gouverneur de Paris. — Gare de Lyon, les lundi, mercredi et vendredi, à 4 heures.*

## INTRODUCTION.

Nécessité de former dans les corps des auxiliaires pour les chemins de fer.

## ÉTUDE SUR L'EMPLOI DU CHEMIN DE FER.

Services que peuvent rendre les chemins de fer à la guerre considérés et traités sous deux points de vue :

Particuliers pour les lignes et embranchements se trouvant dans les contrées où les armées doivent se rencontrer ;

Généraux ou communs à tous les chemins de fer comme moyen de locomotion rapide.

Moyen d'effectuer un transport de 200,000 hommes d'infanterie, avec leurs bagages, chevaux et voitures régimentaires, en 34 heures, à une distance de 500 kilomètres, sur une ligne à double voie.

Transport, dans les mêmes conditions de distance, en 70 heures, de 20,000 chevaux et cavaliers, 40 batteries attelées, 2,000 voitures à quatre roues avec deux chevaux.

Itinéraire, nombre de trains, vitesses et intervalles pour opérer ces deux transports.

Durée des embarquements : quinze minutes pour un bataillon de mille hommes ; une heure pour un escadron ; environ deux heures pour une batterie.

## RÈGLES GÉNÉRALES POUR EMPLOYER LES VOIES FERRÉES DANS L'OFFENSIVE.

Au point de vue stratégique ;
Au point de vue tactique ;
Au point de vue du service administratif ;
Au point de vue de l'exploitation.

9

Emploi du chemin de fer dans la défense.

Nécessité de barrer à la frontière les chemins étrangers.

Manque de prévoyance défensive en Bohême, en 1865. Description du chemin de fer de cette contrée.

Train italien pouvant actuellement traverser le mont Cenis et se rendre à Bordeaux sans passer sous le canon d'aucune place forte.

Autres points à découvert.

Points de transit ou objectifs de convoitises et de luttes futures.

Canal de Suez, Brindisi, Trieste, Milan, Mont-Cenis, Simplon. Saint-Gothard. Bâle, etc.

## RÈGLES GÉNÉRALES POUR LA DÉFENSIVE.

A moins de renforcer en arrière un point menacé, éviter dans la retraite le transport des troupes par le chemin de fer ; éviter également des destructions faites sans mesure et discernement. Mines à friction.

(Cette partie ne sera pas démontrée sur le terrain.)

## DEUXIÈME PARTIE.

### Division du matériel des chemins de fer en deux parties : — Matériel roulant ; — Matériel fixe.

#### 1re Leçon.

#### ESQUISSE GÉNÉRALE DE LA LOCOMOTIVE.

Résistances diverses qu'elle doit surmonter outre la charge et l'espace à parcourir par seconde : courbes, rampes, mauvais état de la voie, frottement de l'essieu, frottement de roulement, longueur de l'empâtement des roues. État atmosphérique, neige, verglas, pression de l'air à déplacer, vent.

Calculs appliqués sur un profil connu.

#### DESCRIPTION DÉTAILLÉE DE LA LOCOMOTIVE.

Division en trois parties principales :

Châssis ou cadres de voiture ;

Corps cylindrique de la chaudière ou appareil générateur de la vapeur ;

Mécanisme ou appareil récepteur de la vapeur et producteur du mouvement.

Différents types des locomotives.

Classification en trois catégories :

Machines à grande vitesse, machines à petite vitesse, machines mixtes.

Vitesses moyennes, poids et prix, charge d'eau et charbon, consommation de combustible par kilomètre, dépenses moyennes d'entretien par kilomètre.

### 2º Leçon.

Manière de chauffer et de mettre en marche une locomotive.
Instruction pour le mécanicien pendant la marche.

### 3º Leçon.

Description des voitures et wagons, des grues roulantes, des wagons de secours et de raccords.

Chargement des chevaux, voitures, haquets, grosses pièces de charpente, foin pressé, paille et autres matières encombrantes.

Des freins, frein électrique.

### 4º Leçon.

#### COMPOSITION DES TRAINS.

Trains d'infanterie, nombre maximum de voitures.

Trains mixtes, voyageurs et approvisionnements.

Trains de marchandises ou matériel de guerre, troupes d'artillerie et de cavalerie.

Maximum de wagons remorqués par une ou deux machines selon les rampes.

Exclusion de matières explosibles et inflammables dans les trains de voyageurs.

Répartition dans le train des wagons à traction rigide et à tampon sec.

Machine placée en tête du train avec cheminée en avant.

Adjonction d'une machine de renfort.

Train en détresse remorqué par deux machines, ayant besoin d'être secouru. Attelage exceptionnel d'une troisième machine en queue.

Nombre de fourgons à placer entre les machines et les voitures à voyageurs.

Lest à y placer.

Boîte à médicaments et objets que doivent avoir les conducteurs pour faire les signaux.

Nombre minimum de freins à placer dans les trains suivant le nombre des véhicules, la nature des trains, leurs vitesses normales supposées uniformes, les déclivités des pentes ou rampes.

Répartition des wagons à freins dans les trains.

## 5e Leçon.

Composition des trains de reconnaissance et de réparation de la voie.

Composition des trains de poudre, artifices de guerre, gros projectiles chargés et non emballés; fixation du chargement d'un wagon et d'un train.

Escorte, surveillance et manœuvre.

Données pour établir la formation des trains dans les limites des charges que peuvent remorquer les machines en dehors de leur type, des pentes et de l'état atmosphérique.

Poids à compter pour les véhicules vides, dans les trains de toute nature.

Chargement ou tonnage utile.

Poids moyen d'une voiture chargée de 40 soldats avec armes et campement.

Poids moyen d'un fourgon à bagages ;

Poids moyen d'un brake, wagon-écurie, truc à voiture ;

Poids moyen d'un wagon chargé de 8 chevaux avec harnais et deux gardes d'écurie.

Poids moyen du matériel du génie (Projet du règlement ministériel).

Rapports des poids utiles au poids mort.

Tonnage brut ou véritable charge à attribuer à la machine.

Moyen à employer pour se dispenser de calculer les divers frottements.

Comparaison au point de vue du transport en lui-même par les chemins ferrés aux transports des équipages militaires.

Manière d'établir à l'échelle un tableau de la marche des trains.

### SIGNES CONVENTIONNELS.

Manière de dessiner un profil de voie. Echelle.

Journal et écritures des trains.

## TROISIÈME PARTIE.
### Matériel fixe.

### 6e leçon.

Tracé de la voie : tunnels, ponts en bois, tubulaires métalliques à treillis allemands, en pierre ou en fer, viaducs, ballast, traverses.

Rails et coussinets, différents types, assemblage du rail à patin allemand.

Aiguilles, simples ou doubles.

Changement, croisement et traversée de voie.

Plaques tournantes.

Chariots pour changement de voie.

Grues hydrauliques pour l'alimentation des locomotives.

Conditions de solidité et de sûreté que doit avoir la voie

Écartement des rails.

Désignation des voies en :

Voies principales, voies d'évitement, voies accessoires : garage et manœuvres.

Dénomination des voies en :

Voies n° 1, sur lesquelles circulent les trains ayant des numéros impairs ;

Voies n° 2, parcourues par les trains portant des numéros pairs.

## QUATRIÈME PARTIE.
### Signaux.

### 7e leçon.

Division en signaux de jour et en signaux de nuit.

Signaux fixes : sémaphores, disques avancés, signaux d'aiguilles, poteaux de protection.

Signaux mobiles ; signaux à main, signaux des trains, signaux détonants, signaux de départ.

Signaux de mécaniciens.

Signaux et communication électrique.

Obéissance passive et absolue aux signaux.

Principaux cas où il est nécessaire de faire le signal d'arrêt.

## CINQUIÈME PARTIE.
### Télégraphie électrique à cadran.

### 8e leçon.

Appareils extérieurs. Poteaux, fil galvanisé, isolateurs en porcelaine.

Appareils intérieurs d'un poste télégraphique :

Une pile pour produire l'électricité ;

Une boussole ou galvanomètre pour constater le passage du courant ;

Un cadran manipulateur pour envoyer les signaux ;

Un cadran récepteur pour recevoir les signaux ;

Une sonnerie d'avertissement ;

Un régulateur de pile pour régler le nombre d'éléments proportionnellement à la distance à faire franchir par le courant ;

Un paratonnerre pour préserver l'appareil des perturbations de l'électricité atmosphérique ;

Composition et entretien de la pile.

Description et fonction des appareils.

### 9ᵉ leçon.

Passage du courant, transmission des signaux.

Manipulation et signes conventionnels.

Communication directe par l'isolement des postes intermédiaires.

Dépêches secrètes ou chiffrées.

Télégraphe Tyer.

Emploi de l'avertisseur placé sur des poteaux entre les gares pour les demandes de secours.

Nombre de fils pour le service de l'exploitation.

## SIXIÈME PARTIE.

### Pilotage.

### 10ᵉ leçon.

Circulation temporaire sur une seule voie.

Interceptions résultant de détresse ou d'accidents de trains.

Interceptions se produisant d'une manière imprévue : éboulement, affaissement, destructions, imminence de dégradations dans les voies, talus et ponts.

Interceptions pour l'exécution de travaux.

Chemin barré par un poste retranché ou par la destruction d'un pont.

Transbordement de troupes, double pilotage de chaque côté de l'obstacle.

Points sur lesquels sont installés les pilotages.

Nomination par écrit du pilote, brassard au bras.

Gardes d'aiguilles, leur consigne.

Sémaphores et disques mis à l'arrêt.

Défense de s'engager en sens contraire de la circulation normale avant d'avoir l'assurance que la voie est libre.

Échange préalable de dépêches télégraphiques, formules.

Cas où il n'existe pas de communication électrique.

Interceptions sur une ligne à voie unique.

Paris. — Imprimerie de J. DUMAINE, rue Christine, 2.

# PROFIL de la VOIE

## de

## Mâcon à Bourg

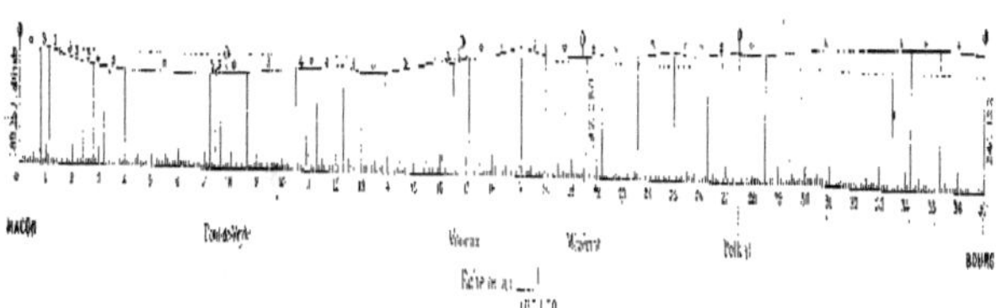


# TABLEAU

## DE LA

## MARCHE DES TRAINS

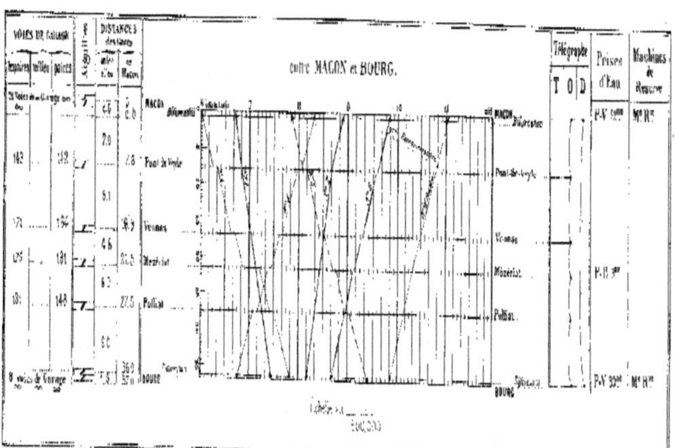




## — · NOTA : —

Les Tableaux de la marche des Trains sont toujours établis pour 24 heures.

Les lignes Verticales indiquent les heures.

Les lignes Horizontales indiquent les Gares et Bifurcations.

Les lignes Diagonales indiquent les Trains, celles qui sont brisées indiquent la marche des stationnements dans les gares intermédiaires.

Tous les signes d'un Train doivent être suivis d'un Tableau et d'un Profil.

## Signes Conventionnels.

### Nature des Trains.

Trains Express

1° d'Express

2° Mixtes Voyageurs et Troupes

3° Mixtes et Approvisionnement

4° de Ravitaillements et de Ravitaillements

5° Paix et train ou marche coupable

### Prises d'Eau

P-V Prise à Vapeur
P-H Prise à bras
R-M Pompe à Manège
E-A Tuyau de Refoulement
S-N Sources

### Aiguilles

Communications entre les voies principales

Deux communications de voies 1 2, ainsi de suite chaque fois répété

Trajet averti pour les trains Pleins ou Impairs suivant la cause ou est placé le signe

### Télégraphe

D Bureau
O Bureau
T Type